KB237087

관광기업인적자원관리

- 관광호텔종사원의 직무스트레스관리 -

관광기업인적자원관리

- 관광호텔종사원의 직무스트레스관리 -

김형철 지음

목 차

제1장 서론 / 7

제1절 문제의 제기 ·· 7
제2절 연구목적 ·· 11
제3절 연구범위 및 연구방법 ···································· 12

제2장 이론적 배경 / 15

제1절 호텔기업의 조직 ·· 15
  1. 호텔기업조직의 기구 ·· 15
  2. 호텔기업 조직의 특수성 ···································· 16
  3. 호텔기업조직의 서비스 특징 ······························ 18
제2절 관광호텔 종사원 직무스트레스에 관한 이론 ········ 20
  1. 스트레스 이론 ·· 20
  2. 직무스트레스 이론 ·· 39
  3. 관광호텔 종사원의 직무스트레스 관련요인 ············ 74
제3절 관광호텔 종사원의 직무스트레스 성격과 유형 ······ 108
  1. 관광호텔 종사원의 직무스트레스 성격 ·················· 108
  2. 관광호텔 종사원의 직무스트레스 유형 ·················· 110
제4절 선행연구 동향 ·· 115
  1. 직무스트레스에 관한 국내 선행연구 ···················· 115
  2. 직무스트레스 요인에 관한 국외 선행연구 ·············· 119

제3장 실증적 연구의 설계 / 129

제1절 연구모형의 설계 ·· 129
제2절 가설의 설정 ·· 132
제3절 변수의 조작적 정의 및 설문구성 ······················ 139

  1. 변수의 조작적 정의 ·· 140
  2. 설문지의 구성 ·· 143
제4절 변수의 분석 및 자료분석 ·· 149
  1. 타당성 검증 ·· 149
  2. 신뢰도 검증 ·· 152
  3. 자료의 분석 ·· 153

제4장 조사결과의 분석 및 가설의 검증 / 157

제1절 가설 1의 검증결과 ·· 157
  1. 성별에 따른 차이분석 결과 ·· 157
  2. 연령에 따른 분산분석 결과 ·· 160
  3. 재직기간에 따른 분산분석 결과 ·· 166
  4. 학력에 따른 분산분석 결과 ·· 172
제2절 호텔직무특성이 호텔직무스트레스에 미치는 효과 ············· 178
  1. 가설 2의 검증 ·· 178
  2. 가설 3의 검증 ·· 180
제3절 호텔직무스트레스가 호텔조직성과에 미치는 효과 ············· 185
  1. 가설 4의 검증 ·· 185
  2. 가설 5의 검증 ·· 187
제4절 실증분석결과 요약 ·· 190
  1. 가설분석 결과 요약 ·· 190
  2. 분석결과 종합토의 및 시사점 ·· 194

제5장 결론 / 203

참고문헌 / 207

부록 / 223

제1장 서 론

제1절 문제의 제기

인간은 사회적 동물이기 때문에 조직을 떠나서는 살 수 없다. 우리는 가장 기초적이고 태생적 조직인 가정을 비롯하여 학교, 군대, 교회, 회사와 같은 조직안에서 자신의 역할을 수행하고 있다. 이렇게 조직을 형성함으로써, 혼자서 할 수 없는 일을 여러사람이 협동해서 하는가 하면, 조직내에서 자신에게 주어진 역할을 담당하면서 보람을 느끼며 살아간다.

조직에는 가정, 교회, 군대와 같은 비영리조직이 있는가 하면, 이윤을 획득해야만 존립할 수 있는, 영리조직인 기업이 있다. 기업은 최대한의 이윤을 올리기 위해서 우수한 인재를 뽑을려고 하고 마케팅을 통해서 自社상품을 홍보하며 생산의 효율성을 꾀하기도 하며 자금의 원활한 확보를 통해 기업을 발전시키려고 한다.

그런데 궁극적으로 기업을 움직이고 이익을 창출하는 존재는 인간이다. 인간을 어떻게 이해하며 어떻게 관리해 나가느냐에 기업의 生死가 달려있다고 해도 과언이 아니다.

만약 회사의 구성원들이 全社的으로 움직이지 못하고, 利己的인 행동을 하거나 부정적인 직무스트레스를 항상 가지고 있다면 기업의 궁극적인 목표를 달성하기가 쉽지 않을 것이다

인간이 스트레스를 느낀다는 것은 살아있다는 증거가 될 수 있다. 그러나 기업에서 종업원들의 직무스트레스를 긍정적인 방향으로 풀어나가지 못한다면 기업으로서는 상당한 부담이 되고 손실이 크다고 할 수 있다. 직무스트레스를 근본적으로 진단하고 생산적인 방향으로 전환하려는 노력이 요구된다고 할 수 있다.

그러나 대다수 기업의 경영목표가 종업원 중심적이라기 보다는 자금 또는 고객중심적이어서 종업원의 욕구를 점검해 보고 직무만족과 직무스트레스 문제에 대한 대책을 실행에 옮기는 일은 그렇게 쉽지 않은 것이 사실이다.[1]

직무스트레스는 정상적인 기능에서 이탈되어 심리적 또는 생리적 조건을 변화시키는 직무관련요인으로 정의되지만 이러한 직무스트레스 유발요인은 긍정적인 효과를 발휘할 수도 있고 부정적인 효과를 발휘할 수도 있다. 그러나 직무스트레스는 종업원들에게는 혐오적인 것이어서 생리적, 심리적, 행동적인 회피반응을 통해 직무스트레스에서 해방하려고 한다는[2] 견해에 동의하는 경향이 강하다. 또한 조직적으로 중요한 결과인 조직몰입에도 영향을 미치고 있다는 사실은 직무스트레스의 적절한 관리가 필요하다는 것을 암시하는 증거라고 생각된다.

따라서 조직과 개인간에 생길 수 있는 직무스트레스를 적절하게 조절하고 이를 관리함으로써 근로의욕을 향상시킬 수 있다면 종업원의 근로생활의 수준향상을 통해 기업의 생산성 향상과 근로의욕 고취에 도움이 될 수 있으리라고 기대한다.

사회생활을 영위하는 모든 사람들은 그들의 생활과 관련된 여러가지

---

1) A, Wagner Ⅲ, J.R. Hollenbeck, Management of Organizational Behavior, Prentice-Hall Inc, 1992, pp.252.
2) T.A. Beehr & N. Gupta, "A note on the Structure of Employee Withdrawall", Organizational Behavior and Human Performance, 21, 1978, pp.73~79.

의 문제에 직면하게 된다. 그러한 과정속에서 개인의 건강과 생활을 위협받게 되면 스트레스를 경험하게 된다. 특히 오늘날, 하루의 생활중에서 수면시간을 제외한 많은 시간을 직장에서 보내게 되는 조직구성원들에게는 직장내의 직무스트레스가 개인의 건강과 안녕에 중대한 영향을 미친다. 이러한 직무스트레스는 발생원인이 직장내의 직무와 관련된 요인들이 매우 많다.

호손연구 이후 인간관계론에 의한 관리는 개인을 중심으로 한 관리방법으로 인식되었으나, 현대의 흐름은 조직과 개인 양쪽을 모두 중요하게 생각하는 개념이 등장하고 있다.[3] 따라서 그러한 강조점이 개인에게 있든 조직에 있든 상호작용은 불가피한 것이며, 이러한 상호작용 과정에서 조직의 목표와 개인의 욕구간에는 언제나 불균형이 생기게 마련이다. 또한 이것은 여러종류의 마찰을 빚어 조직 및 개인 모두에게 어떤 종류의 스트레스를 일으키는 요인이 된다. 이는 조직내의 개인과 조직은 필수적으로 크고 작은 스트레스에 직면하게 됨을 의미한다.

최근에 국내에서 개인의 건강 및 조직의 발전을 위해서 직무스트레스에 대한 관심이 매우 증가되었다. 그러나 관심의 증가에 비해 직무스트레스의 개념이나 체계가 아직도 미흡한 실정이다. 특히 호텔산업은 타 산업에 비하여 노동집약적인 산업으로 인적자원의 의존도가 매우 높으며 호텔상품은 호텔의 시설 및 식음료와 종사원의 서비스가 고객에게 동시에 제공되어야 비로소 상품의 가치를 지닐 수 있다는 점에서 호텔종사원의 직무특성과 직무스트레스, 조직몰입, 이직의사와의 관계에 대한 연구는 다른 일반기업의 경우보다 더욱 중요하다고 할 수 있다.

특히 호텔산업의 발전은 量的인 발전보다 質的인 발전으로 나아가야 한다고 볼 때 관광호텔종사원의 서비스질의 향상이 중요한 것임을 인식해야 한다. 그러나 오늘날 우리나라 대부분의 호텔들이 외형적 측면

---

3) 이종목, 직무스트레스의 원인 및 결과, 성원사, 1989, pp.104~105.

에만 노력을 기울인 결과 호텔의 시설부문에서는 많은 발전을 가져왔으나 호텔종사원에 대한 서비스의 질적 향상과 관리기법에 있어서는 기대이상의 효과를 달성하지는 못하고 있다.

　인적자원에 대한 의존도가 높은 호텔기업에서는 종사원이 제공하는 서비스가 하나의 상품으로써 호텔경영에 지대한 영향을 미치고 있는 점을 감안할 때 호텔종사원의 직무스트레스와 서비스행동, 조직몰입, 이직의사 등에 대한 관심은 더욱 증대될 것이며 문제점도 노출되리라고 본다. 따라서 직무스트레스에 대한 인식 및 체계적인 연구를 통하여 개인적 차원에서의 유효성을 증대시키고, 생활의 질을 향상시키며 심리적 만족감을 상승시키는 효과를 기대할 수 있다.

　호텔상품은 객실, 식사 및 시설 등 물적자원의 제공과 함께 이를 고객에게 전달하는 과정에서 良質의 인적서비스가 함께 제공되었다고 고객들 스스로가 판단할 때 비로소 상품으로서의 가치를 인정받을 수 있는 것이다. 또 오늘날처럼 경쟁이 치열한 기업환경 속에서 호텔기업의 이윤 극대화는 첫째, 호텔의 고급화, 둘째는 매출의 증가, 셋째는 생산성의 증가, 넷째는 원가절감, 다섯째는 고객의 창출, 여섯째는 서비스의 향상에 달려 있지만, 종사원의 서비스에 크게 의존하고 있는 호텔에서는 서비스질을 어떻게 효과적으로 관리하여 고객에게 훌륭한 서비스를 제공할 수 있느냐가 경영목표 달성의 결정적인 문제이다. 이러한 중요성에도 불구하고 관광호텔 종사원의 직무스트레스관리에 관한 연구는 많이 없는 실정이다.

　따라서 본 연구는 관광호텔 종사원의 직무특성을 분류하여 이것이 직무스트레스 및 조직몰입, 이직의사에 미치는 영향과 그러한 영향이 관광호텔 종사원의 개인적 특성에 따라서 조절되는가를 실증적인 조사에 의해 결과를 도출하여 기존의 이론을 재조명하고 앞으로의 연구방향을 탐구하려고 하는데 출발점을 두고 있다.

제2절 연구목적

본 연구는 관광호텔 종사원의 직무특성이 직무스트레스, 조직몰입, 이직의사에 미치는 효과를 연구하려는 것으로 직무특성과 직무스트레스와 결과요인과의 관계를 분석하기 위하여 다음과 같은 내용의 연구를 수행하고자 한다.

첫째로 직무스트레스에 관한 문헌적 고찰을 통하여 직무스트레스에 영향을 미치는 요인이 무엇이며, 직무스트레스의 변화가 개인적 행동과 조직성과에 미치는 효과를 검토하고자 한다.

둘째로 직무특성과 직무스트레스, 조직몰입 및 이직의사의 관계를 실증분석하기 위한 준비로서 이들 변수간의 관계에 대하여 선행연구를 바탕으로 심층 분석하고자 한다.

셋째는 관광호텔 종사원의 인구통계학적 특성에 따라서 차이가 있는지를 밝히고자 한다.

넷째로는 본 연구의 목적을 달성하기 위하여 직무특성이 직무스트레스에 미치는 효과와 두 변수간의 관계가 개인특성에 따라 차이가 있는지 즉, 조절효과가 있는가를 실증분석하고자 한다. 또한 직무스트레스에 따른 조직몰입과 이직의사의 관계에 대해서도 실증분석하고자 한다.

다섯째로 문헌적 고찰과 실증분석 결과를 바탕으로 직무스트레스와 이직의사를 저하시키고 조직몰입을 제고시키기 위한 직무스트레스에 대한 관리적 시사점을 제시하고자 한다.

관광호텔 종사원의 직무스트레스에 관한 제고방안은 우리나라 호텔산업의 인적자원을 효율적으로 관리하고, 적정수준의 직무스트레스를 유지하여 직무만족과 조직몰입을 통한 직무수행에 공헌할 수 있고, 개인적으로는 성취욕구를 통하여 직무스트레스와 이직의사에 관련된 직무환경을 개선할 수 있을 것이다.

제3절 연구범위 및 연구방법

일반적으로 직무스트레스의 연구는 인적자원의 개발과 관리에 초점을 두고 있으며, 조직의 분위기·생산성 및 영업성과·창의성의 증진에 직접적인 영향을 끼치는 요인들을 탐색하고 있다. 예를 들면 조직과 개인간의 상호작용에서 조직의 목표와 개인간의 괴리로 인한 직무불만족과 낮은 직무성과와 조직몰입, 이직의 증가 등에 초점을 두고 있다.

본 연구는 연구주제와 관련된 문헌 및 자료를 활용한 문헌적 연구와 관광호텔 종사원을 대상으로 한 실증적 연구를 병행하였다. 문헌적 연구에서는 諸 이론과 모형을 분석하였고 실증적 연구를 활용하여 이를 분석하려고 노력하였다.

본 연구는 서울시내 특급 관광호텔에 근무하고 있는 종사원으로 한정하였고 호텔종사원의 직무스트레스의 측정을 위하여 설문지를 이용하고 신뢰성과 타당성을 제시한 후에 가설검증결과를 제시하였다.

따라서 연구문제의 발견, 변수의 규명, 가설도출을 위해 실시한 문헌조사, 사례조사[4]등을 이용하고 본 조사를 위한 예비조사를 실시한 점에서 탐색적 연구라고 할 수 있다. 또한 변수들간의 관계를 규명하기 위한 연구로서 가설검증을 위한 경험적 연구이며 더불어 일정한 시점에서 광범위하게 조사했다는 점에서 횡단조사이다.

본 논문은 전체를 5장으로 구성하였다. 제 1장은 문제의 제기 및 연구목적 그리고 연구의 범위 및 방법으로 구성하였고, 제 2장은 본 연구를 수행하게 된 이론적 배경으로서 직무스트레스의 개념과 직무스트레스의 중요성 및 과정을 살펴보고 아울러 선행연구에서 직무스트레스의

---

4) 2003년 5월 1일부터 5월 15일까지 서울시내 특급호텔을 직접 방문하여 호텔종사원 들과 호텔직무스트레스에 대한 인터뷰를 하였다.

관련요인에 관한 관계와 개인특성요인의 조절효과에 관한 관계를 피력함으로써 본 연구의 위치를 확인하고자 하였다.

앞에서 살펴본 이론적 배경을 토대로 제 3장에서 이를 개념화하여 연구모형을 설정하고, 이를 분석하기 위한 중요변수의 측정도구와 조작적 정의를 하였다. 이어서 본 연구가 지향하는 목적에 따라서 연구가설을 설정하고 이러한 가설을 검증하기 위한 설문의 구성을 구체화하고 주요변수들에 대하여 요인분석과 신뢰도 검증을 하였으며 통계분석의 도구는 SAS 8.01을 사용하였으며 통계분석 기법으로는 빈도분석, 요인분석, 신뢰도분석, 차이분석, 회귀분석, 조절회귀분석을 실시하였다.

제 4장에서는 실증연구의 분석으로서 관광호텔 종사원의 인구통계학적 특성에 따른 차이분석을 하였고, 직무특성이 직무스트레스에 미치는 효과와 직무스트레스가 조직성과에 미치는 효과를 회귀분석과 조절회귀분석을 통하여 분석하였다.

제 5장에서는 앞에서 분석된 결과를 토대로 하여 체계적으로 정리하고 해석하였다.

이상의 연구흐름을 그림으로 표현하면 〈그림 1-1〉과 같이 나타낼 수 있다.

〈그림 1-1〉 본 연구의 흐름도(flow-chart)

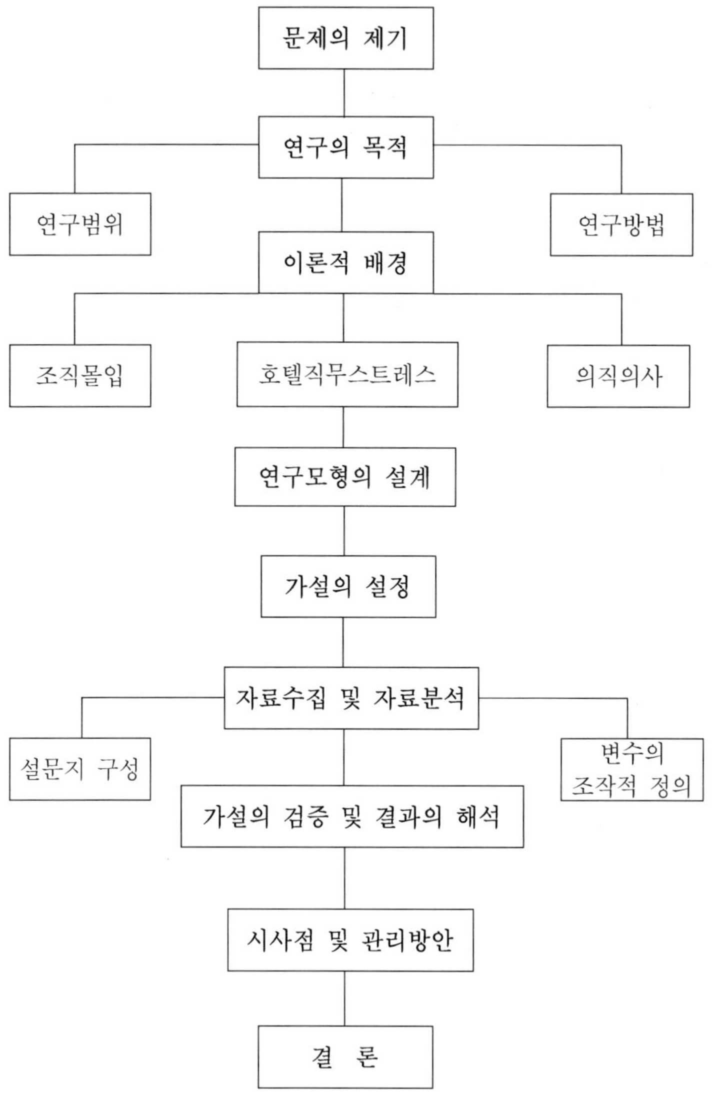

제2장 이론적 배경

제1절 호텔기업의 조직

1. 호텔기업조직의 기구

호텔 경영관리의 본질은, 가능한 경영목표에 접근시켜서 최상의 결과를 찾는 경영의 과정이며, 호텔 경영관리의 방법은 서비스상품의 판매증진과 경영관리의 기술증진에 달려있다.[1]

효율적인 경영을 하기 위해서는 호텔기업조직도 경영조직의 기본이념에 입각하여 업무 담당자간의 밀접한 결합이 필요하며, 이러한 결합의 형태가 효과적인 호텔기업조직으로 나타나게 된다. 호텔기업조직의 경영기능은 업무가 분장되어야 하며 권한과 책임의 한계를 명확하게 하여야 한다. 조직의 일반적인 원칙은 명령·보고계통의 일원화, 감독의 범위와 권한·책임의 한계를 명확히 하고 업무를 분장함에 있어서 중복되지 않도록 하여야 한다. 조직을 결정하는 요소는 입지조건과 시설의 규모, 최고경영층의 경영능력, 지배인의 배경과 교육수준, 소유형태, 경영방법 등이 있다. 호텔기업조직은 기업의 목적 또는 각 조직단위의 목적을

---

1) 송필수, 호텔경영과 실무, 기문사, 2001, pp.40

능률적으로 달성하고, 호텔기업의 성장과 발전을 촉진하는데 있다.

현대 호텔경영은 고도의 직능별로 전문화되고 있다. 그리고 직능별 부문에 있어서 각각의 계층관리자는 필요에 따라 업무를 계획하고 종사원을 지도하고 감독하게 된다.

호텔종사원들도 관리자적 사고를 가지고 자신이 관리자로 성장할 수 있다는 생각으로 업무에 임해야 한다.

또한 호텔종사원은 경영목적을 달성하기 위하여 일정한 업무를 맡게 되며, 호텔종사원 각자의 업무를 조직화함으로써 효율적인 직무처리가 이루어질 수 있다. 호텔기업의 조직기구를 편성함에 있어서 유의해야 할 점은 다음과 같다.[2]

① 호텔기업 조직은 그 호텔이 가지고 있는 기능의 구성과 규모, 경영방침에 의해 달라질 수 있다.
② 노동집약형이 지배적인 호텔에서는 중간관리자 층이 적은 조직형태가 바람직하다.
③ 근무시간이 긴 접객서비스 부서에서는 시간대별 집중도를 고려하여야 한다.

2. 호텔기업 조직의 특수성

1) 호텔조직의 부문화

호텔기업 경영조직은 관리부문과 접객을 담당하는 객실부·식음료부로 구분되어 능률적인 경영과 재정관리가 이루어질 수 있도록 하여야

---

2) 유정남, 호텔경영론, 기문사, 2000, pp.108.

한다. 특히 호텔의 규모가 날로 대형화됨에 따라서 분권관리와 부문경영관리의 합리적인 수행이 호텔경영의 핵심적인 영역으로 인식되고 있다. 업무직능별로 부문화되고 부문별 조직이 편성되어야 한다.

2) 지배인제도에 따른 조직

모든 관광호텔에서는 지배인의 역할을 중요하게 인식하고, 지배인의 자격과 경영관리자로서의 경영능력을 갖추도록 지배인 자격시험제도를 실시하고 있다. 그러므로 지배인이라는 전문경영인의 역할이 중요하다고 하겠다.

3) 판매부서조직의 강화

대규모 관광호텔에서는 판매촉진 부서를 하나의 독립부서로 운영하고 있으며 중소규모 호텔에서는 객실판촉과 연회판촉으로 운영하고 있다. 호텔간의 경쟁이 날로 치열해짐에 따라서 고객유치 및 판매증진을 위한 접객 마케팅 활동의 중요성이 부각되고 있다.

4) 기획관리부서의 강화

새로운 상품개발과 마케팅의 방향설정 등과 영업회계의 심사분석, 원가분석, 호텔 내의 모든 관리에 대한 업무를 담당하는 기획관리부서에 대한 미래지향적인 요구가 증대되고 있다. 또한 경영주의 의견과 호텔기업의 환경을 융화시키는 참모진으로서의 역할이 증대되고 있다. 기획관리부서의 강화로 경영계획과 예산을 수립하고 경영활동을 관리·통제·분석하여 업무능률을 수행하기 위하여 기획한다.

5) 작업의 표준화

직무분담 부분과 직무기술서에 명시된 직무내용이 표준화되어 능률적인 업무를 수행할 수 있도록 조직을 편성하여야 한다. 예를 들면, 주방의 식품조리는 식품조제명세서에 의거, 메뉴가 표준화되고 작업이 표준화되어야 한다.

6) 호텔업무분장

호텔기업 조직구성원들의 근무위치에 따른 직무에 해당하는 매뉴얼을 제작하여 업무가 분장되도록 하여야 하고, 공식화하여 그 자체만으로 종사원 상호간의 협조와 협동이 이루어질 수 있도록 정확성을 기하여야 한다. 책임제도와 보고제도를 확립하여야 하고 직제편제를 명문화하고 책임과 권한의 한계를 명확하게 하며, 직무의 내용을 구체적으로 표시하여야 한다.

3. 호텔기업조직의 서비스 특징

1) 인적서비스의 의존성

호텔기업의 상품은 무형의 서비스와 유형의 서비스가 복합되어 판매되는 것으로 환대사업의 독특한 성질을 가지고 있다. 호텔상품이란 환경과 시설, 식음료, 서비스 등을 뜻하며 유형적인 것에 무형적인 것이 추가되며, 상품을 이동하고 저장하여 판매할 수가 없으며, 공익성과 수익성이 동시에 강조되어야 한다.[3]

객실분위기나 음식이 아무리 훌륭하여도 이에 종사하는 호텔종업원의 정성어린 서비스가 함께 동반되지 않으면 호텔상품은 판매가 불가능한 것이다. 호텔이 가지고 있는 최대의 존재가치는 집을 떠난 여행자나 고객을 정성어린 서비스로 맞이함으로써 그 지역사회 발전과 같은 운명으로 평가되는데 찾아볼 수 있다. 불쾌한 서비스는 고객의 마음에 나쁜 인상을 심어주게 되고, 그날의 대외적 활동에도 악영향을 주게 된다.

2) 호텔서비스의 다양성

호텔의 현대적 기능은 숙박과 음식을 제공하는 핵심적인 서비스 기능 이외에, 점차적으로 고객의 욕구가 다양해짐에 따라서 또 다른 가정의 역할로서 부족함이 없도록 청결하고 안락한 최상의 시설을 제공함과 동시에 투숙하지 않는 고객에게도 개방되는 공공장소로서 레져와 문화적 기능이 추가되어진다.

3) 짧은 서비스 접촉시간

교육서비스, 투자자문 서비스 및 은행서비스 등은 고객들과 오랜 기간 동안 제공되지만 호텔기업의 서비스는 객실서비스의 경우, 우리나라를 방문하는 관광객의 90% 이상이 3박 4일 이하이며 식음료서비스의 경우는 몇시간에 불과하다.[4]

4) 협동체제의 중요성

호텔기업 조직의 운영에 있어서 협동이 중요시되고 있다. 현관을 비

---

3) 원융희, 호텔학원론, 학현사, 1999, pp.129.
4) 원융희, 전게서, pp.130.

롯하여 식음료서비스, 객실서비스에 이르기까지 다양한 서비스와 주어진 직무가 있다. 이러한 직무를 수행하는 것은 고객의 서비스만족에 귀착되는 것이다. 그러므로 호텔기업의 모든 각 부문은 주어진 직무를 원활히 수행하여야 궁극적인 목표의 달성이 가능할 것이다

5) 연중무휴의 영업

호텔기업의 종사원들은 다른 사람들이 공휴일을 즐기거나 쉬고 있는 동안에도 일을 해야 하며, 늘 접객서비스 마인드를 가지고 고객에게 봉사하여야 한다. 고객들이 호텔에 체재하고 있는 동안 각자 취미대로 즐길 수 있도록 서비스 한다는 것은 어렵고 힘드는 노동이다. 호텔과 고객과의 대인관계는 휴일이 있을 수 없기에 야간근무나 연휴·명절때에도 접객서비스를 하고 있다는 사실에 더욱 큰 사명감을 가져야 한다.

제2절 관광호텔 종사원 직무스트레스에 관한 이론

1. 스트레스 이론

1) 스트레스의 역사적 배경 및 정의

(1) 스트레스의 역사적 배경
조직에 있어서 조직의 목표와 개인의 욕구간에는 항상 불균형이 일어나기 마련이며, 이것은 여러 종류의 마찰을 일으키게 된다. 이러한 마

찰은 조직 및 개인 모두에게 스트레스를 일으키는 요인이 된다. 이는 공식 조직내의 개인과 조직은 필수적으로 크고 작은 스트레스에 직면하게 됨을 의미한다.[5] 이와 같이 필수적으로 수반되는 조직의 스트레스를 보는 관점이 시대에 따라서 크게 달랐다. 1960년대 중반까지는 스트레스가 조직 및 개인에게 모두 해로운 것으로 보았으며 스트레스가 없는 상태를 이상적인 상태로 생각하여 어떠한 종류의 스트레스도 제거되어야 한다는 매우 단순한 처방을 제시하였다. 그러나 1960년대 중반을 기점으로 스트레스의 순기능적 역할을 강조하기 시작하였다. Smith(1966), Ponoly(1967), Cohen(1968) 등으로 이어지면서 순기능적 스트레스를 유도하기 위한 방안과 역기능적 스트레스를 방지하기 위한 전략을 제시하기 시작하였다. 뿐만 아니라 어느 정도의 적정스트레스는 오히려 순기능적 역할을 할 수 있다는 假定이 나오기 시작하였다.[6]

　서구의 경우 스트레스에 대한 최초의 학문적 관심은 1920년대 중반 Hans Selye에서부터 시작된다고 한다.[7] 즉 스트레스에 대한 학문적 역사는 이제 70여년의 짧은 기간을 갖게 되었다. 그러나 심리학 분야에서 스트레스라는 개념을 연구하기 시작한 것은 제 2차 세계대전이 끝난 이후부터이다.[8] Grinker와 Spiegel이 1945년에 'Men under stress'라는 책을 출간하고 Stouffer가 1950년에 'The American Soldier'라는 책을 출간하여 전쟁피로, 전쟁신경증, 군의 풍기문란 등에 관한 여러 연구논

---

5) 강인호, 관광호텔 종사원의 직무 및 생활스트레스가 서비스질과 자발적 조직행동에 미치는 영향, 국민대학교 박사학위논문, 1993, pp.12.
6) Cohen. S, Stress · Social Supports, and the Buffering Hypothesis, Psychological Bulletin, Vol. 98, No. 2, 1985, pp.310~315.
7) Quick, J. C., and J. D. Quick, Organizational Stress and Preventive Management, McGraw-Hill Book Company, 1984, pp.123~127.
8) Winnubst, Jacques A. M., Stress in Organizations, Handbook of Work and Organizational Psychology, John Wiley & Sons Inc, 1984, pp.553~571.

문을 발표하면서 그 개념이 심리학에 도입되기 시작한 것이다. 그러나 본격적인 학문적 연구는 1950년대 Lazarus에서부터 시작된다. 그는 그 때까지 유행해 오던 스트레스 현상에 대한 생물학적 접근의 문제점을 지적하고 그 개념을 인지적 측면에서 다루어야 한다고 주장하였다.

그 후 스트레스에 대한 개념을 산업심리학에서 다루기 시작한 것은 1960년대에 들어서면서 부터라고 할 수 있다. 그러나 1960년대 이전에 이에 대한 연구가 전혀 진행되지 않은 것은 아니다. 1920년대 초기에 의사들은 산업사회에서 병리학에 관심을 두게 되었다. 특히 산업정신위생에 적극 관여하게 되었고 이것이 인연이 되어 직업정신의학의 분야가 발전하게 되었다. 제 2차 세계대전 이후 점차 사회심리학적 입장에서 산업현장의 소외현상을 연구하게 되었고 이러한 소외현상은 단조로운 작업, 자동생산조건 등에서 많이 나타난다는 사실을 알게 되었다. 이러한 연구분위기는 새로운 분야의 발전에 초석이 되었는데, 미국의 각 대학들은 직업정신건강에 몰두하게 되었다. 이같은 흐름에서 가장 강력한 영향을 미친 곳이 미시간대학교이며, 특히 이 대학의 사회연구소에서는 1960년대부터 본격적으로 스트레스에 대한 연구를 수행하였다. Kahn, French, Caplan, Cobb, Quinn 등으로 이어지는 이 연구소의 연구원들은 조직내에서 스트레스를 일으키는 수많은 요인을 찾아냈고, 이러한 요인들을 정확히 규정하고 이러한 요인들과 더불어 발생하는 바람직하지 못한 정신적·신체적 효과와의 관련성을 알아내었다. 스트레스를 조직적으로 연구하기 시작한 이래 의학, 병리학, 생화학, 법의학, 행동과학, 철학을 비롯한 여러 분야에서 수백권의 단행본을 포함하여 12만권 이상의 출판물이 발간되었다.[9]

이같은 연구분위기는 조직심리학 영역에도 예외는 아니어서 이제 조직스트레스, 직무스트레스라는 용어는 일반적인 개념으로 등장하게 되

---

9) 강인호, 전게논문, pp.14.

었고,[10) 이같이 서구에서는 이미 스트레스를 스트레스학으로서, 학문의 한 영역으로까지 등장시키고 있는 실정이며 최근 우리나라에서도 관심 있는 학자들 사이에서 이에 대한 연구가 많이 이루어지고 있다.

(2) 스트레스의 정의

스트레스(stress)의 어원은 라틴어의 'stringere'에서 유래된 말로써 '팽팽하게 죄다'라는 의미를 가진다. 스트레스란 본래 물리학에서 사용된 용어로서 어떤 물체에 외부압력이 가해질 때 그 물체의 내부에서 생기는 압박상태를 말한다. 그 후 스트레스는 캐나다의 내분비 의학자인 Hans Selye의 개척적인 연구에 의하여 하나의 의학적인 개념으로 도입되었다.

스트레스에 대한 견해는 많은 사람에게 여러가지 양상으로 비쳐지고 있다. 따라서 직무스트레스에 대한 정의는 연구자에 따라서 다양하게 설명되고 있어 아직도 통일된 정의를 이룩하지 못하고 있다. 스트레스란 "개인과 환경의 상호작용을 말하는 것으로서 구체적으로 개인의 특성이나 심리적 과정에 의해서 조정되는 적응과정, 즉 개인에게 지나친 신체적·심리적 요구를 부과하는 외적인 행동이나 상황의 결과"[11) 라고 정의하고 있다. 또한 J. R. French 등은 직무스트레스란 "어떤 개인의 기능·능력과 직무욕구간의 부적합, 즉 어떤 가능한 개인의 욕구와 실제 직무환경에서 제공되고 있는 욕구만족의 불일치"[12) 라고 정의하고 있으며, 루탄스에 의하면 직무스트레스란 "조직참여자가 육체적·심

---

10) Winnubst, op cit, 1984, pp.177.

11) J. M. Ivancevich and M. T. Matteson, *Organizational Behavior and Management*, 4th ed., Irwin, 1996, pp.649.

12) J. R. p. French, W. Rogers and S. Cobb, Adjustment as a Person-Enviroment Fit, in G. V. Coelho, D. A. Hamburg and J. F. Adams(ed), *Coping and Adaptation Interdisciplinary Perception*, Basic Books, 1974, pp.70~72.

리적·행동적 일탈반응을 가져오도록 하는 외부상황에 대한 적응적 반응"13) 이라고 정의하고 있으며, 또한 스질라기와 윌레이스에 따르면 스트레스는 "개인내부의 심리적·생리적 불균형을 창출하고, 또한 환경·조직·개인적 요인으로부터 야기되는 내적경험"14) 이라고 정의하고 있다. 이러한 정의를 살펴볼 때 스트레스는 다음과 같은 어의와는 차이가 있음을 지적할 수 있다.

첫째, 스트레스는 단순한 '불안'이 아니다. 불안은 감정적이고 심리적 영역에서 작용하며, 스트레스는 생리적 영역에서 작용한다. 따라서 스트레스는 불안을 동반하게 된다.

둘째, 스트레스는 단순한 신경적 긴장이 아니다. 신경적 긴장은 스트레스에서 오는 것이기 때문에 신경적 긴장과 스트레스는 차이가 있다.

세번째로 스트레스는 반드시 나쁜 것이 아니며, 어떤 것을 손상시키는 것도 아니다. 유스트레스(eustress)는 어떤 것을 손상시키지도 않으며 사람들은 그것을 회피하기보다는오히려 추구하고 있다. 이러한 스트레스에 관한 개념을 학자별로 정리하여 제시하면 〈표 2-1〉과 같다.

---

13) F. Luthans, Organizational Behavior, 7th ed., N.Y.: McG-
    raw-Hill, 1995, pp.297
14) A. D. Szilagyi, Jr. and M. J. Wallace, Jr., Organizational
    Behavior and Performance, 5th ed Harper Collins, 1990,
    pp.219

〈표 2-1〉 스트레스에 대한 정의

학 자	내　　　　　　　　용
Selye	스트레스는 어떤 요구에 대한 보편적 반응이다
Hall & Mansfield	스트레스는 한 체계에 작용하는 외적힘이다
Rogers & Cobb	스트레스는 개인의 기술과 능력이 직무규정에 부적합하고, 조직이 제공한 직무환경과 개인의 욕구가 부적합한 상태이다
Kroes & Quinn	작업자의 특성과 상호작용하여 심리적 동질정체를 파괴하는 작업조건이다
C.Cobb	스트레스는 개인에게 위협을 주는 직무환경의 어떤 특성이다
McGrath	개인이 직무규정과의 관계에서 무엇인가가 일어나는 것 개인과 환경과의 상호작용을 내포하는 것이다
Cooper & Marshall	직업스트레스는 특정직무와 연관된 부정적인 환경요인이다
Beehr & Newman	어떤 요구에 대한 비특정적인 신체적 반응이다
Blau	직무요구가 개인의 반응능력을 초과하든 개인의 반응능력이 직무요구를 초과 하든, 균형이 맞지 않으면 그 결과로 스트레스를 일으킨다
Gibson	개인차와 심리적과정에 의해서 조정된 적응적 반응이다
Luthans	신체적·심리적·행동적 일탈을 초래하는 외부상황에 대한 적응과정이다
Mechanic	특별한 환경내에서의 개인의 불편감이다
Reitz	환경에 있어 특정변화에 대해 개인의 반응하기 위한 생리적·심리적인 변화의 일련이다
Dubos	스트레스가 질병·슬픔·상실·위협·긴장 그리고 기쁨까지도 연관이 있고 그것은 해로울 수도 있고 이로울 수도 있다
Schuller	중요한 사실에 대한 불확실성이 내포된 동적상태의 지각이다
Cannon	추위나 산소부족, 저혈당 등의 조건에서 생기는 항상성의 장애
Lazarus	객관적인 요구와 기능체의 반응능력 간의 불균형이 아니라, 지각된 요구와 반응능력간의 불균형이다
Cherry	개인에게 부과되는 요구에 대해 나타나는 보편적인 신체적 반응이다
Quick	스트레스가 부정적 가치뿐만 아니라 긍정적 가치도 가지고 있다. 적정수준의 스트레스는 순기능적 역할을 한다.

자료: 이종목, 직무스트레스의 원인 및 결과, 성원사, 1989, p24

이와 같이 시대에 따라서 여러 가지의 의미로 사용되어온 스트레스
는 개인 및 조직에 중대한 영향을 미친다. 최근에는 학자들뿐만 아니라
개인 및 경영자들에게도 직장에서의 직무스트레스에 대한 관심이 증가
하고 있으며, 스트레스에 대한 개념 자체가 다분히 추상적이고 시대와
학자들의 연구목적과 특성에 따라서 다양하게 연구접근방법을 달리 하
고 있으며, 스트레스에 대한 개념은 다음과 같은 세 가지 측면에서 정
의되고 있다.[15]

① 생물·의학적 접근방법
첫째는 스트레스에 대한 학문적 연구의 출발점이라고 할 수 있는 생
리학적 내지 의학적 접근방법이다. 의학자들은 신체적 자극과 생리적인
결과를 주로 연구하였다. 이 분야의 대표적인 학자는 T. A. Beehr, W.
B. Cannon, J. W. Mason, H. Selye 등이 있다.

Cannon은 유기체의 항상성 연구에서 유기체 내부환경의 유지를 지칭
하기 위해서 항상성이라는 말을 사용하였으며, [16] 신경흥분과 같은 긴
장상태에 처해 있을 동안에 내적 균형을 유지하는데 중요한 구체적인
반응에 초점을 두었다. [17] Beehr는 스트레스를 어떤 요구에 대한 비특
정적인 신체적 반응으로 정의하였다. [18]

Selye는 유기체의 조직은 조직의 추출물이나 오한, 무의식적인 충격

---

15) 홍승만, 직무스트레스와 직무만족간 영향요인의 전략적 활용방안, 배재대
    학교 대학원 박사학위논문, 2000, pp.6~8.
16) W. B. Cannon, "New Evidence for Sympathetic Control of Some
    Internal Secretions", American Journal of Psychiatry, Vol. 2,
    1992, pp.15.
17) 임성식, 직무스트레스 요인과 지방공무원의 직무만족간의 관계에 관한 연
    구, 청주대학교 박사학위논문, 1997, pp.9.
18) T. A. Beehr, "Job Stress, Employee Health and Organizational
    Effectiveness: Afacet Analysis, Model and Literature View",
    Personal Psychology, Vol. 31, 1978, pp.669~670.

및 신경자극 등의 수 많은 요인에 의해 손상될 수 있다는 의외의 사실을, 새로운 성호르몬을 찾는 연구를 하다가 발견하였다. 그는 동물실험에서 조직손상은 모든 불쾌한 자극에 대한 구체화되지 않은 반응이라고 결론짓고, 이것을 일반적응 증후군(General Adaptation Syndrome: GAS)이라고 불렀다. 그는 더 나아가 유기체에 작용하는 외부의 힘 즉, 신체에 작용하는 일반적인 손상요소를 가리켜 스트레스라고 했으며, 스트레스를 복잡한 현대생활에서 나타나는 신체의 쇠약과 관련된 용어로 記述하면서 "유기체의 Stressor에 대한 반응"으로 정의하였다.[19]

Selye가 발표한 일반적응 증후군의 개념을 자세히 살펴보면, 새로운 자극형태가 개인의 항상성 유지를 방해할 때 개인은 방어반응을 보이는데 이와 같은 신체의 반응을 일반적응 증후군 즉, 사람들은 스트레스를 받게되면 신체를 안정시키려는 방어적인 일반적응증후군의 현상이 일어난다고 하며 이를 스트레스로 규정하였다.

이러한 접근방법에서는 스트레스를 외부의 자극에 대한 신체내부 항상성의 파괴로 위험상황에 직면한 개인의 균형을 유지하려는 반응으로 정의하였다.

② 사회·심리학적 접근방법

이 분야는 S.Folkman, R.S.Lazarus, W.Wayne, J.E.McGrath 등의 학자들이 연구하였다. R.S.Lazarus는 스트레스에 대한 인간의 생리적·심리적·사회적 相異性을 강조하면서 신체조직과 그 기능을 저해하는 환경요인 및 이러한 요인의 반응에 의해 일어나는 것을 스트레스로 보고, 스트레스란 객관적인 요구와 유기체의 반응능력간의 불균형이 아니라 지각된 요구와 지각된 반응능력간의 불균형의 결과로 보고 있다.[20]

---

19) H. Selye, "The Current Debate About the Meaning of Job Stress", Journal of Organizational Behavior Management, Vol. 8, 1986, pp.5~18.

 J. E. McGrath는 스트레스를 대인간의 행위에 있어서 발생하는 스트레스 개념으로 한정하고 이를 사회·심리적 스트레스(social psychological stress)라고 하였다.[21] 개인과 환경간의 상호작용에서 야기되는 심리적 반응에 연구의 초점을 맞추어 스트레스를 각 개인의 인지적 평가와 대응책 등 개인의 심리적 변화로써 지각된 요구와 지각된 반응능력간의 불균형의 결과라고 정의하였다. 사회·심리학적 연구에서는 스트레스를 환경의 자극에 대한 단순한 상호작용으로 파악하지 않고 개인의 심리적 특성을 강조함으로써 행동과학연구의 기틀을 마련하였다.

③ 행동과학적 접근방법

 세 번째는 행동과학적 접근방법이다. 조직의 스트레스 연구를 조직심리학적 접근방법으로 처음 시도한 곳은 미시간 대학교로 스트레스란 "개인을 위협하는 직무환경의 특성, 특정직무와 관련된 부정적 환경요인, 위협적인 직무환경에 대한 반응, 개인의 능력과 직무요구와의 불일치" 등으로 정의하였다.[22] 이 분야는 J.R.French, W.Rogers, S.Cobb, R.S.Schuler, J.E.McGrath 등이 연구하였다. J.R.French, W.Rogers, S.Cobb은 스트레스는 직무의 요구와 개인의 기술 및 능력이 불일치하여 발생하는데 이러한 부적합 관계는 환경의 자극을 받아 발생된 인간의 욕구에 의해 기인된다고 하였다.[23] R.S.Schuler는 환경과 개인의 상호작용

---

20) R. S. Lazarus, Stress Related Transactions between person & Environment in Pervin, L.A. & M. Lewis(ed), Perspectives in Intel Psychology, New York: Plenum, 1978, pp.187~202.

21) J. E. McGrath, Stress and Behavior in Organization, In Dunnete, M. D.(ed), handbook of Industrial and Organizational Psychology, Rand McNally College Publishing Co., 1976, pp.1351~1393.

22) F. Luthans, Organizational Behavior, 4th. ed, McGraw-Hill, 1985, pp.130.

23) J. R. French, W. Rogers, S. Cobb, Adjustment as Per-

과정을 동태적인 관점에서 접근하여 스트레스란 개인이 스스로 원하는 바가 이루어지거나 그것을 성취하려는 과정에서 기회나 자극, 욕구에 직면해 있고 동시에 중요한 결과를 초래할 것이라고 주장하면서 그 해결상황이 불확실성을 지니고 있는 것으로 지각되는 동태적인 상황이라고 하였다.[24]

J.E.McGrath는 기회·자극·욕구의 세 가지 중 어느 하나 이상을 개인이 경험하게 될 때 스트레스의 유발가능성은 높아지며 개인의 요구정도에 비례해서 또는 개인의 극복능력에 대한 불확실성의 정도와 그 결과의 중요성에 따라 스트레스는 차이를 보인다고 하였다.[25]

이와 같이 행동과학연구는 환경에 대한 개인의 경험과 이에 대한 인식의 차이에 따라서 개인이 인지하는 스트레스에 유의한 개인차가 존재한다고 보고 효과적인 스트레스관리를 암시하여 주고 있다.[26] 이 접근 방법에서는 스트레스를 위험에 대응하고자 준비하는 개인의 적응 및 반응과정으로 정의하고, 주변환경에 대응하는 개인적 행동의 적합성 내지 부적합성으로 보고 있다. 따라서 스트레스는 양면적인 성격으로 긍정적인 측면과 부정적인 측면을 모두 내재하고 있다고 하였다. 스트레스에 관한 지금까지의 정의를 보면 크게 세가지 의미로 쓰이고 있다. 초기의 연구자들은 스트레스를 외적조건에 대한 생리적 반응으로 정의하였으며, 이후의 연구들은 환경적 자극, 또는 개인과 환경간의 상호작용의 개념으로 정의하고 있다.[27]

son-Environment fit, in G. V. Coelho, D. A. Hamburg, J. E. Adams(ed), Coping and Adaptation: Interdisciplinary Perception, Basic Books, 1974, pp.70~72.

24) R. S. Schuler, Definition and Conceptualization of Stress in Organizations, Organizational behavior and human performance, Vol. 25, 1980, pp.184~215.

25) J. E. McGrath, op. cit., pp.1351~1393.

26) 임성식, 전게논문, 1997, pp.14.

(3) 반응중심의 스트레스

스트레스 상태에서 일어나는 특정반응 또는 반응군을 스트레스로 보는 개념으로 H.Selye의 "어떤 요구에 대한 신체의 비특정적 반응"이라는 정의로 대표되는데, 초기의 연구들이 주로 이러한 입장을 취하였다. 그는 어떤 새로운 자극형태가 나타나서 개인의 恒常性 유지에 장애가 왔을 때 이에 대응하려는 반응이 나타나게 되는데 이와 같은 신체적 방어의 틀, 즉 범적응증후군이 바로 스트레스라고 주장하였다. 그러나 이같은 반응군 접근법은 다음과 같은 점에서 비판을 받고 있다.

첫째, 객관적이든 주관적이든 간에 어떤 특정 반응군을 일으키게 하는 조건을 스트레스에 대한 자극원으로 본다면 스트레스를 유발하는 조건에 포함되지 않는 것들[28] 까지도 스트레스에 대한 자극원에 포함시켜야 한다.

둘째, 相異한 자극원에 대해서 동일한 반응이 일어날 수 있으며, 동일한 자극원 조차도 시간의 경과에 따라서 다른 반응으로 나타날 수 있다.

셋째, 증후가 언제나 증상을 일으키는 것은 아니다. 따라서 스트레스 요인을 알고 있는 것 만으로는 스트레스 반응을 예측할 수 없다.

(4) 자극중심의 스트레스

스트레스를 자극으로 보는 관점에서는 중요한 생활사건들과 같은 환경적 요인의 역할을 강조하고 있다.[29] 이러한 관점에서는 스트레스를 개인에게 작용하는 힘 또는 자극으로 개념화하여, 이러한 스트레스의

---

27) Derogatis, L. R., Self-Report Measure of Stress, in L. Goldberger and S. Brenznitz, Handbook of Stress: Theoretical and Clinical Aspects, The Free Press, 1982, pp.175.
28) 예를 들면 사랑, 놀람, 운동 등등
29) Holmes, T. H., and R. H. Rahe, The Social Adjustment Rating Scale, Journal of Psychosomatic Research, vol. 11, 1967, pp.213~218.

결과로 긴장이라는 반응이 나타난다고 본다. 따라서 이러한 정의에서는 특정 상황군 또는 자극 잠재군을 내포한 상황이 반드시 존재해야 한다.[30) 이와 같이 스트레스를 자극으로 개념화하려는 가장 대표적인 입장은 생활사건접근법으로[31) Holmes와 Rahe에 의해 개발된 '사회 재적응척도'를 사용하여 많은 연구가 이루어졌으며,[32) 우리나라에서 이루어진 스트레스에 관한 연구들은 대부분 이 방법을 따르고 있다.[33)

이와 같은 생활사건 접근법은 특정유형의 사건이 부적응에 관계된다는 점을 밝혀 주기는 하였으나, 여전히 개별사건이 특정 개인에게 주는 고유한 의미는 다루지 않고 있다. 이에 대해서 Kessler등은 각 사건의 맥락적인 세부정보가 고려될 때 비로소 사건의 효과를 보다 잘 이해할 수 있다고 하였으나, 순수한 환경적 조건으로서의 생활사건이 실제로 모든 사람에게 동일한 의미로 해석되지는 않으며 또한 인간이라는 유기체를 기계론적으로 처리함으로써 스트레스와 긴장사이의 관계를 중재하는 심리적 과정을 무시하고 있다.[34)

(5) 개인-환경 상호작용으로서의 스트레스

前述한 두 접근방법에서는 개인을 단순히 환경적 자극을 수용하는 수동적인 개체로 개념화하고 있으며 이로 인하여 스트레스 사건의 자각이나 반응에서의 개인차를 반영하지 못하고 있다. 또한 자극중심의

---

30) 정승언, 직무스트레스에 대한 사회적 지원의 역할, 인하대학교 박사학위논문, 1992, pp.57.
31) 김정희, 지각된 스트레스, 인지세트 및 대처방식의 우울에 대한 작용, 서울대학교 박사학위논문, 1987, pp.62.
32) Pearlin, L. I., E. G. Menaghan, M. A. Lieberman, and J. T. Mullan, The Stress Process Journal of Health and Social Behavior, vol. 22, 1981, pp.337~356.
33) 최태진, 강병조, 한국에서의 사회 재적응 평가척도에 관한 예비적 연구, 신경정신의학 20, 1981, pp.55.
34) Cox, T., Stress, Macmillan Press, 1978, pp.47.

연구나 반응중심의 연구, 그 자체만으로는 스트레스 현상에 대한 포괄적인 설명이 불가능하다.[35] 예를 들어, 1970년대 중반까지의 연구들은 생활사건과 적응지표간에 어떤 관계가 있는가에 관심을 두고, 생활변화가 부적응을 일으키는 강력한 요인이라는 것을 밝히려고 하였다. 그러나 초기의 연구에서 생활사건과 적응간의 상관계수는 0.30, 대부분의 연구에서 측정된 상관계수는 0.12 정도였다.[36]

이러한 결과로 인하여 스트레스의 개념에 관한 연구에서 Mikhail은 개인에게는 각각 스트레스에 대한 반응에 차이가 있고, 스트레스는 스트레스를 유발하는 상황에 대한 지각에 의해서 결정되며, 스트레스 수준은 개인의 대처능력에 의존하기 때문에 스트레스에 관한 연구는 요구-능력 불균형에 대한 인지적 평가가 중요함을 강조하고 있다.

이와 같이 개인과 환경간의 상호작용론적 관점에 따라 스트레스를 개념화하고 있는 대표적인 학자로 라자루스 등 (Lazarus et, al)을 들 수 있는데, 그들은 스트레스가 되는 개인과 환경간의 특정한 관계로 정의한다. 즉 스트레스는 사건의 긴장성에 대한 개인의 지각이나 대처능력에 대한 평가에 의해 결정되므로 자극의 스트레스성 여부를 결정하는 것은 자극 혹은 반응 그 자체가 아니라, 유기체가 환경의 자극을 해석하고 그 요구에 대해 반응할 수 있는 대처자원을 해석하는 방법이라는 것이다. 이러한 관점하에서 Lazarus 등은 스트레스와 대처에 관한 인지-현상학적 모형을 제시하고, 이 모형으로 스트레스와 적응간을 매개하는 변인을 밝히고자 하였다.[37] 이외에도 여러 연구자들이 이 입장

---

35) 김원, 성격유형과 사회적 지원이 역할스트레스요인과 직무만족 또는 조직 몰입과의 관계에 미치는 조절효과, 계명대학교 박사학위논문, 1988, pp.55~57.
36) Rabkin, J. G., and E. L. Struening, Life events, Stress, and Illness, Science, vol. 194, 1979, pp.1013~1020.
37) Lazarus, R. S., A. Delongis, S. Folkman, and R. Gruen, Stress and Adaptational Outcomes, American Psychologist,

에 동의하여 스트레스를 순수한 자극이나 반응이 아니라 개인과 환경
간의 역동적작용으로 볼 것을 주장하였다.38) 이와 같은 상호작용론적
입장의 연구자들은 스트레스에 대한 지각에 개인적으로 상당한 차이가
나타나므로 주관적 경험을 위주로 한 스트레스 연구가 필요하다는 점
을 강조하고 있다. 그런데 이러한 방법은 개인이 실제로 경험하는 스트
레스를 비교적 정확하게 파악할 수 있다는 장점이 있는 반면에 스트레
스와 정신병리간의 混入을 피할 수 없다는 단점이 있다.39)

이에 관하여 Lazarus 등은 스트레스를 측정하는데 있어서 순환과 混
入의 문제는 불가피한 것으로, 스트레스 그 자체에 수많은 관계변인들
이 포함되어 있기 때문에 스트레스의 반응과 독립적인, 순수한 환경적
측면에서 스트레스를 측정하는 것은 가능하지도 바람직하지도 않다고
반론을 제기하고 있다.40) 이외에 주목할 만한 것으로 자원보존으로서의
스트레스 개념이 있다. 이는 Hobfoll 에 의해서 주장된 것으로 스트레스
상황이 제거된 순간부터 개인의 반응이나 대처행동이 종결된다는 종래
의 폐쇄적 개념에서 벗어난 완전히 새로운 개념이다. 즉 개인이 스트레
스 상황에 직면했을 때 이를 제거하려는 행동이 필연적으로 유발되는
데, 스트레스가 제거된 상태 아래에서도 대처행동이 종결되는 것이 아
니라 미래에 발생할지도 모르는 스트레스 조건에 대비하여 계속적으로
적극적인 사전대처행동이 이루어진다는 것이다.

따라서 사람들은 언제나 스트레스에 대한 대처자원을 형성, 유지, 보

---

　　　vol. 40, 1985, pp.770~779.
38) Kessler, R. C., and J. D. McLoad, Social Support and Mental
　　　Health in Comunity Samples, in S. Cohen, and S. L. Syme,
　　　Social Support and Health, 1985, pp.219~240.
39) Dohrenwend, B. p., and B. p. Dohrenwend, Stressful Life
　　　Events and Their Context, Rutgers University Press, 1981,
　　　pp.77.
40) 정승언, 전게논문, pp.61~63.

충하기 위해 노력하며, 상황이 사람들에게 위협적인 요인으로 작용하는
것은 그 상황이 궁극적으로 이러한 가치 있는 자원의 잠재적 또는 실
제적인 상실을 의미하기 때문에 스트레스를 느끼게 된다는 것이다.[41]
이와 같이 가치 있는 자원의 획득상실에 대한 지각 또는 실제 상실 등
이 모두 스트레스를 유발하는데 충분한 조건이 된다. Hobfoll에 의하면
스트레스에 직면했을 때 개인은 자원의 상실을 최소화하기 위해서 노
력하게 된다. 대부분의 연구자들이 스트레스에 직면하고 있지 않은 기
간 중의 심리상태와 행위에 관해서 아무런 고려를 하고 있지 않으나,
이 개념은 이후에 발생할 수도 있는 자원의 상실가능성을 최소화하려
는 노력을 가정하고 있다. 사람들이 자원을 획득하는 동안에는 긍정적
인 안정감을 경험하게 되지만, 자원의 보충을 위한 대비가 되어 있지
않으면 매우 취약해진다는 것이다.

이상에서 살펴본 바와 같이 스트레스에 대한 개념을 명확하게 정의
하기는 쉬운 문제가 아니므로 어떠한 정의를 채택하느냐 하는 것은 연
구자의 연구목적에 따를 수 밖에 없다.

2) 스트레스의 유형

스트레스는 많은 사람에게 불안, 긴장 및 걱정 등을 유발하는 과업과
관련하여 부정적인 측면을 내포하고 있는 동시에 흔히 회피하고 싶은
경험으로 지적되고 있다.[42] 그러나 스트레스는 단순히 불쾌한 일이나
경험만을 의미하지는 않고 최상의 기쁨이나 자극 또는 흥분을 유발하

---

41) Hobfoll, S. E., Conservation of Resources: A New Attempt at
    Conceptualizing Stress, American Psychologist, 1989, pp.513~
    524.
42) J. C. Quick and J. D. Quick, Organizational Stress and
    Preventive Management, McGraw-Hill, 1984, pp.2.

는 상황 아래서도 개인에게 발생하는 경우도 있다. 이와 같이 스트레스는 개인에게 유익한 측면과 파괴적인 측면을 동시에 지니고 있으며, 적정수준까지 스트레스의 양을 증가시킴으로써 성과를 증대시킬 수 있다는 것이다. 이러한 스트레스 유형에 대해서 셀리에는 유스트레스와 디스트레스의 두 가지 유형으로 구분하고 있다.

(1) 유스트레스

유스트레스(eustress)는 그리스어의 'eu'와 'stress'의 합성어로서 'eu'는 '좋다'는 것을 의미한다. 즉 유스트레스란 바람직하고 좋은 일에서 유도되는 스트레스의 유쾌한 측면으로 그것의 반응이 건전하고 긍정적이며 건설적인 결과로 나타나는 현상을 말한다.

여기에는 바람직한 취업결정·승진·급여인상과 같은 개인의 성장이나, 바람직한 직무배치·도전적인 직무이동과 같은 조직적응성, 또는 높은 수준의 성과달성 등에 관련되는 개인 및 조직의 만족스러운 감정적 반응현상이 포함된다.

(2) 디스트레스

디스트레스(distress)는 바람직하지 않고 좋지 않은 일로 인해서 발생하는 스트레스의 부정적인 측면으로서 불쾌하고 개인의 건강에 유해한 결과를 가져오는 현상을 말한다.

사랑하는 사람이 심각한 질병에 걸리거나 빈약한 과업성과로 인하여 회사의 징계를 받게 되는 경우처럼, 환경의 요구가 개인의 능력이나 그가 가진 자원의 범위를 초과할 때, 또는 과도하고 불쾌한 요청에 대응할 준비가 이루어지지 않아서 괴로움을 느낄 때 일반적으로 디스트레스가 발생한다. 이러한 경우 불안·우울·원망·좌절 등과 함께 높은 결근율이나 이직율과 같은 개인적·조직적 역기능이 나타날 수 있다.

이러한 디스트레스는 직장과 가정에서 발생하는 필연적인 결과가 아니
라 스트레스를 잘못 관리함으로써 나타나는 일반적인 결과이므로 경영
자는 디스트레스의 원인을 파악하여 발생을 통제하고 사전에 예방할
수 있는 조치를 취하는 것이 필요하다.

그러므로 모든 스트레스가 나쁜 것은 아니며, 지나친 스트레스는 부
정적인 결과를 가져오지만 적당한 스트레스는 오히려 유용하다. 모든
심리적 성장, 창의적 노력, 새로운 기술의 습득에는 적당한 스트레스가
필수적이다. 이러한 점에서 스트레스를 완전히 없애기보다는 통제가능
한 범위내에서 스트레스를 유지하는 것이 바람직하다. 이러한 스트레스
의 유형과 기능을 아래의 〈그림 2-1〉에서 설명하고 있다.

〈그림 2-1〉 스트레스의 유형과 기능

원 인		유 형	결 과
조직상에서의 스트레스 요인	근 로 자	긍적정 스트레스	조직과 개인에 있어서의 건설적인 결과
비직무상의 스트레스 요인		부정적 스트레스	조직과 개인에 있어서의 파괴적인 결과

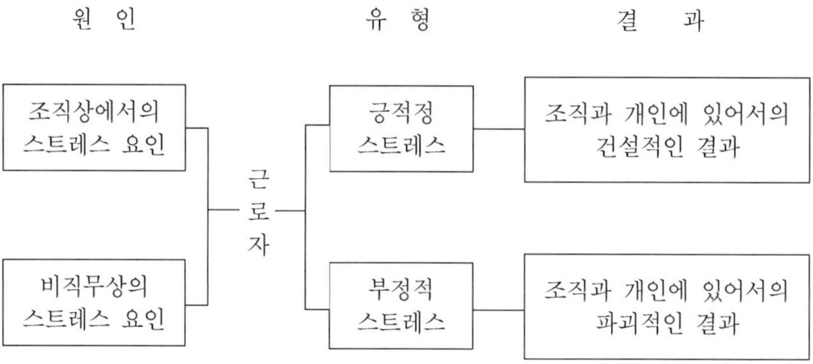

자료: K. Davis and J. W. Newstorn, Human Behavior at Work,
McGraw-Hill, 1989, pp.485

〈그림 2-2〉 스트레스의 모형

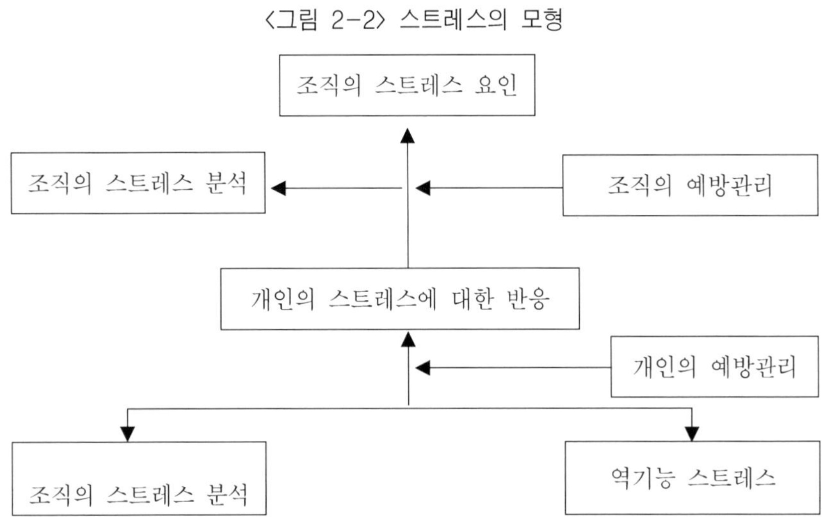

자료: S.P.Robbins,Organizatioanl behavior, Prentice-Hall, 1993,
6th, pp.639.

Robbins는 〈그림 2-2〉 스트레스의 모형에서 스트레스의 잠재적 원천을 환경적 요인, 조직적 요인, 개인적 요인으로 구분하여 설명하고 있다.
또한 Quick 등이 정의하고 있는 스트레스의 모형은 〈그림 2-3〉과 같이 나타낼 수 있다.

<그림 2-3> Quick의 스트레스 모형

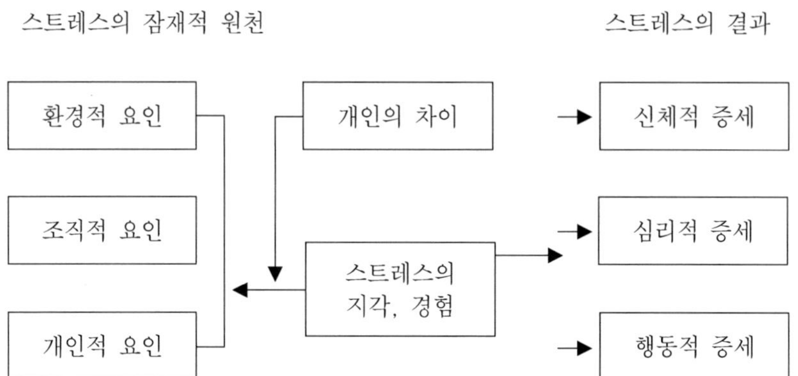

자료: J. C. Quick & J. D. Quick, Organizational Stress and Prevention Management McGraw-Hill, pp.12.

이상과 같은 차원에서 호텔조직에서 스트레스를 연구해야 하는 중요한 이유를 요약하면 다음과 같다.

첫째, 직무스트레스는 종사원 생활의 질에 중요한 요소가 되기 때문이다.

둘째, 심화된 스트레스는 관광호텔 접객직 종사원 개인에게 신체적, 정신적으로 피해를 끼치게 되며 이로 인해 관광호텔 종사원이 관광호텔 조직에 공헌하지 못하게 된다.

셋째는 직무스트레스를 잘못 관리하면, 관광호텔 조직에 피해를 끼치는 디스트레스를 초래하게 된다.

넷째, 직무스트레스를 잘못 관리하게 되면 종사원의 결근율이나 이직률을 증가시키게 되며 조직의 성과, 직무만족 및 생산성 향상을 기대할 수 없게 된다.

다섯째, 관광호텔 종사원의 담당업무에 따른 스트레스는 다른 관광호텔 종사원의 안전에도 영향을 끼치게 된다.

2. 직무스트레스 이론

1) 직무스트레스의 개념 및 모형

(1) 직무스트레스의 개념

직무스트레스는 생리학, 의학, 심리학 등의 분야에서 1900년대 초 연구되던 것이 산업심리학, 행동과학, 기업경영학과 같은 분야에서 1970년대에 들어와 조직적인 차원으로 연구하기 시작하면서 나타난 개념이다. Luthans는 직무스트레스를 조직구성원과 환경사이의 순응적으로 교류하는 관계 혹은 상호 거래적인 입장에서 파악하여야 한다고 강조하면서 직무스트레스를 순수한 자극이나 반응보다는 조직구성원과 환경사이의 역동적인 과정으로 봐야 한다고 주장하였다.[43] Harold 와 James는[44] 직무스트레스를 "조직이나 사람 같은 시스템에 작용하는 외부적인 힘"이라고 정의하였다.

직무스트레스라는 용어는 시간의 흐름에 따라서 여러가지 의미로 광범위하게 사용되어 왔다. 사실 스트레스 연구자들은 이 용어가 정확하게 사용되지 않는 것을 매우 안타깝게 생각하고 있다. 여기서는 이 분야의 선구자인 J .E. McGrath는 스트레스를 "중요하다고 생각하는 상황적 요구가 그것을 수행할 수 있는 능력을 초과한다고 지각한 결과로부터 오는 즐겁지 못한 감정적 상태" 라고 정의하였다. J .E. McGrath는 스트레스를 4개의 단계를 포함하는 과정으로 〈그림 2-4〉와 같이 객

---

43) Luthans, F., Organizational Behavior, 5th ed., New York: McGraw-Hill Book Company, 1989. pp.90.
44) Harold, L. A., and L. p. James, "An Empirical Assessment of Organizational Commitment and Organizational Effectiveness", Administrative Science Quarterly, March, 1981. Vol. 26, pp. 1~14.

관적 요구, 주관적 요구 또는 긴장, 주관적 요구에 대한 개인적 반응, 개인적이며 환경에 대한 반응의 결과를 제시하고 있다.45)

<그림 2-4> 스트레스의 4단계 과정

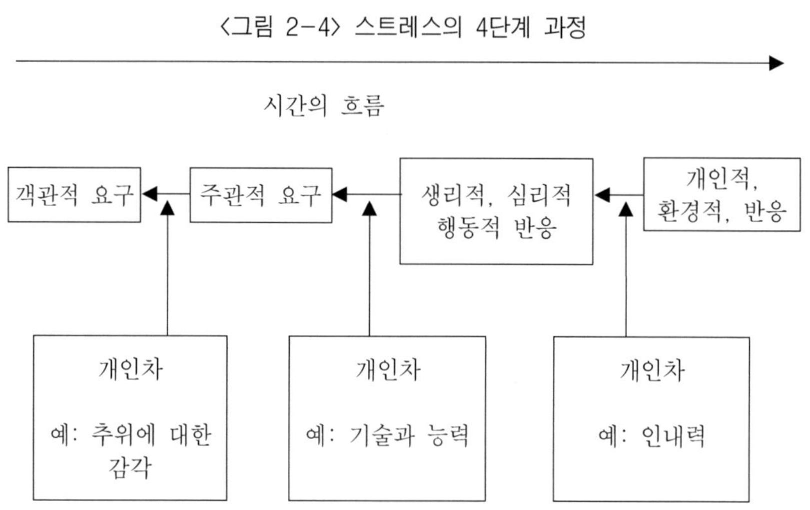

자료: T. R. Mitchell, & J. R. Larson, "People in Organizations; An Introduction to Organizational Behavior, 1987, pp.192.

D.T. Hall과 R. Mansfield는 스트레스를 어떠한 체계에 작용하는 외적인 힘이라고 정의하고 이러한 외적힘에 의해서 야기되는 내적 체계 상태의 변화를 긴장이라고 정의한다. 따라서 스트레스와 긴장은 동의어가 아니다. 조직의 긴장과 반응은 환경을 변화시키며, 이것은 개인의 외적스트레스가 되고, 개인은 다시 이것을 내적 긴장으로 발전시키며 그것을 감소시키기 위한 반응을 하게 된다. 이러한 조직의 스트레스와 긴장과의 관계는 다음의 <그림 2-5>와 같다.

F. Luthans는 스트레스를 신체적, 심리적, 행동적 일탈을 초래하는

---

45) T.R. Mitchell, J.R. Larson People in Organizations: An Introduction to Organizational Behavior, 1987, pp.191~194.

외부상황에 대한 적응과정이라고 규정하면서 스트레스가 아닌 것을 다음의 3가지로 제시하고 있다.

① 스트레스는 단순한 걱정이 아니다. 걱정은 감정적·심리적 영역의 문제인 반면 스트레스는 또한 생리적 영역의 문제이기도 하다.

② 스트레스는 단순한 정신적 긴장이 아니다. 같은 걱정거리라도 어떤 사람은 스트레스 상황에서 정신적 긴장을 나타내지 않는 사람도 있기 때문이다.

③ 스트레스란 반드시 해로운 것이고 피해야 할 것은 아니다. 왜냐하면 사람에게 유익한 스트레스도 있기 때문이다.

직무와 관련된 스트레스에 대한 용어도 조금씩 차이가 있긴 하지만 조직스트레스, 직업적 스트레스, 작업스트레스, 직무스트레스 등 여러 가지로 사용되며, 그 중 직무스트레스라는 용어가 보다 일반적으로 사용되고 있다.

〈그림 2-5〉 스트레스와 긴장과의 관계

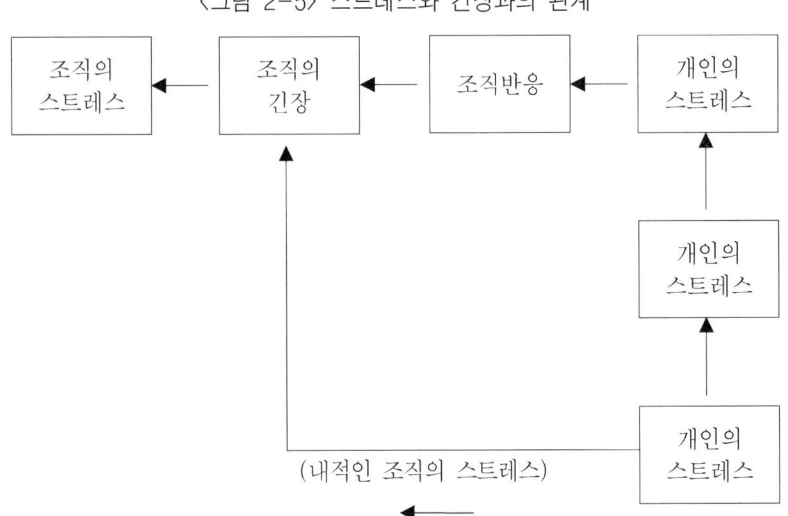

자료: 이종목, 직무스트레스의 원인 및 결과, 성원사, 1989, p 22.

French 등은 직무스트레스를 개인의 능력, 기술과 직무요구간의 불일치 혹은 개인이 요구하는 것과 직무환경에서 제공되는 것 간의 불일치라고 하였으며, Beehr 와 Newman은 직무스트레스란 종업원의 心身이 정상적인 기능에서 이탈할 수 밖에 없게끔 직무관련요소들이 작업자와 상호작용하여 그의 생리적, 심리적 상황을 변화시키는 조건이라고 정의하였고, 배무환은 직무스트레스란 개인, 집단 및 조직차원에서 종업원이 직무를 수행하는데 관련된 요인들에 正的, 負的 영향을 주는 상황이라 하였으며 김문석은 직무스트레스를 직무관련 요인이 종업원과 상호작용하여 그 사람의 심리적, 생리적, 행동적 조건을 변화시켜 정상적인 기능으로부터 이탈하는 상태라고 정의하였고 정승언은 직무스트레스를 직무수행에 대한 지각된 기대와 그러한 기대를 충족시키고자 하는 개인의 능력초과 등과 같은 환경과 개인간의 부적합이라고 정의하였다.

이러한 관점에서 볼 때 직무스트레스는 조직특성 개인속성이 관여되고 있는 것으로써, 환경－개인의 측면에서 잠재적인 스트레스 원천과 개인의 속성간의 상호작용으로 파악되고 있다.

(2) 직무스트레스의 모형

오늘날 근로자들은 대부분의 생활을 조직과 더불어 직무를 수행하면서 보내고 있다. 그들의 직무는 스트레스와 밀접하게 연결되어 있으며, 또한 그들의 생활은 스트레스의 연속이다. 따라서 조직내에서 직무와 스트레스에 대한 경영자들의 관심은 상당히 높은 것으로 나타나고 있다. 그러나 학자들 사이에 보편적으로 수용될 수 있는 직무스트레스에 대한 틀이 정립되지 않고 있다.

직무스트레스에 관한 여러 학자들간의 사고와 견해 차이는 주로 스트레스의 원천과 반응을 규정하는 입장의 차이에서 야기되고 있다. 직무스트레스에 대한 올바른 이해와 효과적인 관리를 위해서는 스트레스

의 원천·과정·결과의 관계를 규명할 수 있는 모형을 제시하는 것이
무엇보다도 필요하다.

J. M. Ivancevich와 M. T. Matteson은 조직의 스트레스 요인·스트
레스·스트레스 조절요인·스트레스 결과간의 연관관계를 예시하는 직
무스트레스 모형을 〈그림 2-6〉과 같이 개발하였다.

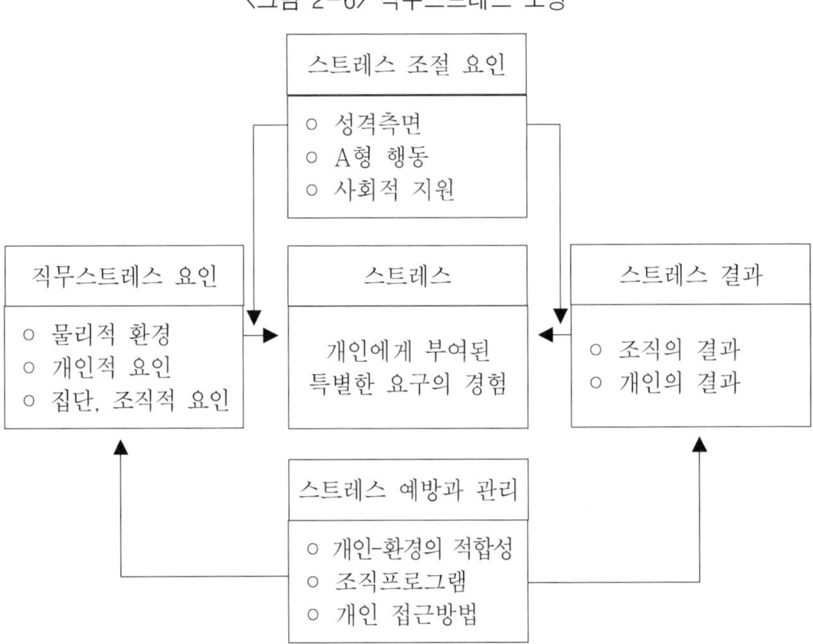

〈그림 2-6〉 직무스트레스 모형

자료: J.M.Ivancevich & M.T.Matteson, Organizational Behavior
and Management, 4th ed., Irwin, 1996, p 652

위의 모델에서 스트레스는 어떤 개인에게 특별히 요구되는 행동·상
황·사건에 대한 반응을 의미하며, 직무스트레스의 요인은 물리적 환경
요인·개인적요인·집단 및 조직적 요인 등의 3가지 스트레스 원천으
로 분류되고 있다.

여기에서 스트레스와 스트레스 결과간에 반드시 어떤 관계가 있는 것은 아니며, 또한 직무스트레스 요인과 스트레스 사이에도 반드시 어떤 관계가 있는 것이 아니라고 시사하고 있다. 위의 모델에서는 대표적인 조절변수로서 성격측면·A형행동[46]·사회적 지원에 촛점을 두고 있다. 또한 위의 모델은 스트레스 예방과 관리활동이 직무스트레스에 영향을 미치는 것으로 시사하고 있는데, 스트레스 예방은 스트레스의 발생을 최소화하는데 촛점을 두고 있으며, 스트레스 관리는 스트레스의 부정적 결과를 극소화하거나 제거하는데 노력하고 있다.

2) 직무스트레스 요인

직무스트레스 요인은 다양한 형태로 나타날 수 있는데 대체로 직무경험·고속도로주행·대인관계와 같은 긴장이 심한 상황에 의한 신체적·심리적 욕구가 스트레스 요인으로 작용할 수 있다. 직무스트레스 요인과 효과를 규명하기 위한 연구에 의하면 근로자의 직무스트레스의 원천이 어떠한 것인가에 대한 질문에 대하여 응답자의 55%는 시간적 압 박과 마감시간을, 52%는 업무과중을 꼽고 있으며, 또한 응답자들은 부하직원의 부적합한 교육훈련, 장시간근무, 회의참석, 직무와 가족간의 갈등, 기타 사회적 관계 등을 직무스트레스 요인으로 지적하고 있다.[47]

Hellriegel 등은 경영자나 종업원이 직무스트레스의 원천을 이해하고 진단할 수 있는 틀을 〈그림 2-7〉과 같이 개발하여 개인이 경험하게 될 6가지 직무스트레스 원천을 제시하고 있는 동시에 개인특성이 직무스트레스에 미치는 영향관계를 보여 주고 있다.

---

46) A형 행동은 참을성이 없고 성취에 대한 욕망이 크며 과업수행의 속도가 빠르다.

47) C. L. Cooper and J. Arbose, Executive Stress Goes Global, International Management, May 1984, pp.42~48.

〈그림 2-7〉 직무스트레스의 원천

직무스트레스 요인

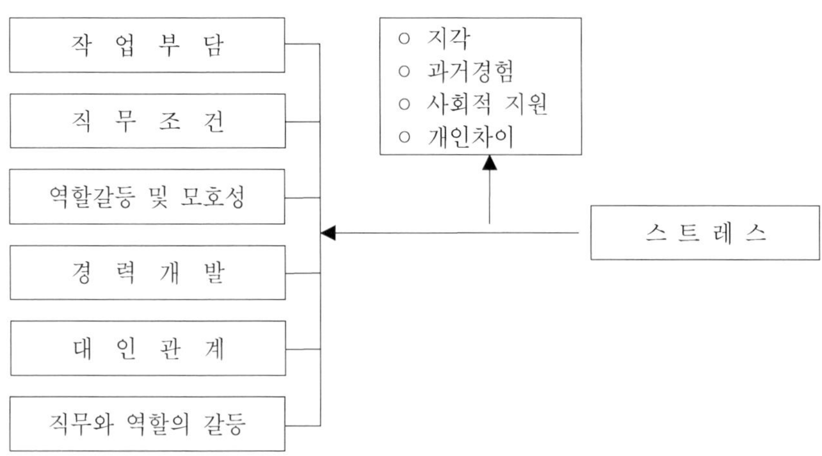

자료: D.Hellriegel,J.W.Slocum,Jr.and R.W.Woodman, Organizational Behavior, 7th ed., West Publishing Co., 1995, pp.241.

(1) 환경적 스트레스 요인

환경요인은 우선 외부환경요인과 내부환경요인으로 분류할 수 있는데, 외부환경요인은 주로 경제적·정치적·사회적·기술적 환경요인 등을 고려할 수 있다.

첫째, 경제적 요인은 경제상태와 경기동향이 개인들의 직업·생계·실업·소득에 직접적으로 영향을 줄 수 있기 때문에 스트레스의 요인이 된다. 예를 들면 1970년대의 석유파동으로 인한 경기불황은 근로자의 고용불안정과 경영자에게는 경영손실 및 기업도산의 스트레스를 가져다 주었다.

둘째, 정치·사회적 요인으로 정부의 입법활동 및 정책방향의 전환이나, 사회의 인권운동·복지정책·노동조합운동의 변화 등은 기업의 경영활동에 영향을 주기 때문에 경영자의 스트레스를 유발할 수 있는 요인들이다.

셋째는 기술적요인으로 컴퓨터·로봇·자동화 기술의 변화는 작업수행방법의 변화를 요구하게 되며, 심각한 경쟁력의 대상이 되므로 근로자나 경영자에게 심리적 불안과 스트레스를 일으키게 된다.

한편 내부환경요인 또한 스트레스를 증가시키고 감소시키는 요인이다. 기업의 인수합병은 구성원의 직업안정·경영정책·관리감독관행 등에 관심을 일으키게 되며,[48] 생산형장에서의 산업재해사고나 독극물취급위험 등은 근로자의 건강과 안전에 스트레스를 줄 수 있다.

(2) 조직적 스트레스 요인

조직활동은 목표·전략·정책·사람들로 구성되며, 이러한 것들은 스트레스를 유도하는 기본요소들이다. 따라서 스트레스의 정도는 이러한 요소들의 상호작용에 의존하게 되므로 조직에 따라 달리 나타나게 된다. 스트레스의 조직적 요인을 구체적으로 살펴보면 다음과 같이 과업의요구·정책과 절차·참여적 의사결정·조직구조 등의 측면에서 설명될 수 있다

① 과업의 요구

과업을 수행하는 과정에서 요구되는 직무자체의 특성에 기초를 두고 있다.[49] 즉, 핵심적 직무특성으로 기능의 다양성, 과업의 정체성, 과업중요성, 자율성, 피드백 등은 스트레스와 관계가 있으며, 직무특성이 반영된 직무설계는 스트레스를 줄이고 직무만족을 높이며 정신적 불안과

---

48) J. M. Ivancevich, M. T. Matteson & E. p. Richards Ⅲ, Who′s Liable for Stress on the Job?, Harvard Business Review, March-April 1985, pp.60~72.
49) T. A. Beehr and J. E. Newman, Job Stress, Employee Health and Organizational Effectiveness: A Facet Analysis, Model and Literature Review, Personnel Psychology, vol.31, 1978, pp.665~696.

긴장을 감소시킨다.[50] 그리고 종업원은 과업수행과정에서의 시간압박, 기술변화에 대한 부적응, 작업곤란성, 기계의 지나친 속도 등에서 스트레스를 경험하게 된다.

② 정책과 절차

정책과 절차는 스트레스의 요인이 될 수 있다. 즉, 비효율적인 성과의 평가절차나 보상시스템은 동기부여를 경감시킬 수 있으며, 그에 따라 직무태도와 직무성과에 영향을 주게 된다.

③ 참여적 의사결정

경영참가는 어떤 개인의 지식·의견·아이디어가 의사결정과정에 포함되는 정도를 말하는 것으로서 조직의 직무수행에 있어서 개인들의 의사결정에 대한 참가는 매우 중요한 부분으로 고려되고 있으며 스트레스의 요인이 될 수 있다. 예를 들면 어떤 사람은 공동의사결정에 참여하지 못함으로써 스트레스를 받게 되고 또 다른 사람은 공동의사결정에 따른 의사결정의 지연으로 좌절될 수 있으며, 또한 전통적 사고를 갖는 경영자는 종업원과의 공유적 의사결정에 위협을 느끼기도 한다.[51]

④ 조직구조

관료제적 조직구조와 비관료제적 조직구조에 있어서 판매담당자의 직무만족·스트레스·성과에 관한 연구에 따르면 조직구조는 개인의 스트레스 요인이 된다는 것이다. 즉, 비관료제적 조직구조에서 일하는

---

50) K. R. Parkes, Occupational Stress Among Student Nurse: A Natural Experiment, Journal of Applied Psychology, vol.67, 1982, pp.784~796.
51) J. M. Ivancevich, M. T. Matteson & E. p. Richards III, Who′s Liable for Stress on the Job?, Harvard Business Review, March-April 1985, pp.60~72.

종사원들은 중간정도의 관료제나 완벽한 관료제적 조직구조에서 일하
는 종사원들보다 더적은 스트레스를 경험한다는 것이다.[52]

(3) 집단적 스트레스 요인

조직효율성은 조직내부집단들의 상호작용의 특성에 의하여 영향을
받으며, 이러한 집단의 특성은 개인행동에 강력한 스트레스의 원천이
될 수 있다. 종사원에게 낮은 직무만족과 직무스트레스를 가져다 주는
집단차원의 갈등요인으로는 집단의 리더쉽 결여, 지원활동의 부족, 역할
갈등, 역할모호성, 집단갈등을 들 수 있다.

① 집단응집력의 부족

집단목표달성에 집단구성원의 응집력이나 협력이 매우 중요하다. 그
럼에도 불구하고 집단구성원의 응집행동의 기회가 제한되고 응집력이
약화되거나 응집력을 향상시킬 수 있는 리더쉽이 부족할 때 스트레스
가 발생하게 된다.

② 협력적 지원의 결여

종업원이 조직활동을 원활히 수행하기 위해서는 집단간 또는 집단내
의 정서적·자존적 지원을 필요로 한다. 이러한 협력적 지원은 근로자
가 응집된 집단구성원들과 문제를 공유하고 고통과 기쁨을 함께 나눌
때 향상될 수 있으며, 이러한 협력적인 지원이 결여되면 직무스트레스
를 받게 된다.

---

52) J. M. Ivancevich and J. H. Donnelly, Relation of Organ-
    izational Structure to Job Satisfaction, Anxiety-Stress, and
    Performance, Administrative Science Quarterly, June 1975,
    pp.272~280.

③ 역할갈등

역할갈등은 양립될 수 없는 2가지 이상의 기대가 개인에게 동시에 주어짐으로써 일어난다. 즉, 어떤 개인이 한 사람 또는 둘 이상의 구성원에 의해서 요구를 받게 되고 그 역할기대에 부응할 수 없을 때 발생하게 된다. 여기서 역할기대는 그 역할에 대하여 이해하고 있으나 어떤 이유 때문에 그 기대에 순응할 수 없는 것을 의미한다.

역할갈등은 다음과 같은 경우에도 발생한다.[53]

첫째, 상급자가 개인 윤리상 수행할 수 없다고 생각되는 행동을 요구할 때, 둘째는 조직내 역할이 외부의 역할과 상충되는 경우, 세번째는 부하가 두 사람 이상의 상사지시를 따라야 하는 경우, 네번째는 상사가 서로 상충되는 요구를 할 경우 등이다.

오석윤은[54] 관광호텔 접객직종사원의 역할갈등을 줄이기 위해서 관광호텔 관리자는 업무지시를 할 때 처음에 내린 지시와 다른 지시를 하는 것을 지양하고, 여러 유형의 고객들에 대한 다양한 접객태도를 교육할 필요성이 있다고 하였다. 또한 접객직종사원 선발시 접객직종사원이 맡을 역할에 대해 정확하게 공지하고, 역할연기[55]와 같은 제도를 도입할 필요가 있다고 하였다.

④ 역할모호성

역할모호성은 자신의 직무에 대해서 직무목표와 책임영역을 명확하게 인식하지 못하고 있을때 생성되는 것으로 대부분의 사람이 역할모호성을 경험하고 있으며 다음과 같은 요인에서 발생한다.[56]

---

53) D. Karz and R. L. Kahn, The Social Psychology of Organizations, John Wiley & Sons, 1978, pp.180~197.
54) 오석윤·정규엽, 관리자의 서비스품질몰입에 의한 권한강화와 호텔일선직원의 역할 및 직무만족이 서비스품질에 미치는 영향, 호텔경영학연구, 2002, pp.35.
55) 예상되는 역할을 규정하여 실제로 시켜보는 것

첫째, 개인이 이해할 수 없는 정도의 조직복합성, 둘째는 조직의 급속한 성장, 세번째는 사회구조의 변화를 요구하는 빈번한 기술의 변화, 네번째는 상호의존을 배제하는 빈번한 인사이동, 다섯째는 구성원이 조직환경의 변화에 적응하도록 하는 조직의 요구, 여섯째는 조직에 투입되는 정보에 대해서 제재를 가하는 경영철학이다.

이러한 역할모호성은 시간이 지남에 따라 자연스럽게 해결되는 것이 통상적이며 장기적인 직무스트레스 요인으로 작용하지는 않는다. 역할모호성은 급격한 환경변화에 적응하기 위한 기술습득의 도전으로 하위계층보다 중상위계층에서 지각이 높게 나타나고 있다. 즉, 역할모호성은 역할과 관련된 정보의 결핍상태로 정의할 수 있고, 역할모호성을 경험하면 직무수행 방법을 모르고, 직무성과에 대한 기대를 알지 못하므로 직무스트레스를 받게 된다.

오석윤은[57] 호텔접객직 종사원의 역할모호성을 감소시키고, 직무만족과 서비스품질 향상을 도모하기 위해서는 접객직종사원의 책임만을 강조하기보다는 권한도 강화해야 한다고 하였다. 또한 접객직종사원의 역할모호성을 줄이기 위해서 관광호텔 관리자는 호텔의 정책이나 社規를 정확히 접객직종사원에게 알리는 방안도 중요하지만, 접객서비스 품질 향상을 위한 호텔과 부서의 방침과 다른 행동을 할 수 있는 권한의 범위를 공지하고 접객직종사원에 대한 권한의 강화 또한 중요하다고 주장하였다.

강인호는 호텔기업에 있어서 역할모호성과 직무스트레스의 관계가

---

56) T. W. Dougherty and R. D. Pritchard, The Measurement for Role Variable: Exploratory Examination of a New Approach, Organizational Behavior and Human Performance, vol. 35, pp.141~155.
57) 오석윤·정규엽, 관리자의 서비스품질몰입에 의한 권한강화와 호텔 일선 직원의 역할 및 직무만족이 서비스품질에 미치는 영향, 호텔경영학연구, 2002, pp.34.

正의 관계이며, 호텔조직의 성과를 제고시키거나 관광호텔 종사원의 서비스질과 자발적조직행동을 바람직한 방향으로 이끌기 위해서는 가급적 역할모호성을 감소시켜야 한다고 주장하였다.58)

⑤ 집단갈등

개인의 욕구·가치·목표 등과 같은 개인의 내부차원에 모순이 발생하거나, 다른 사람이나 집단간에 의견갈등이 있거나 행동이 서로 모순될 때 스트레스가 발생하게 된다.

(4) 개인적 스트레스 요인

개인차원의 스트레스 원천은 개인의 직무에서 유발되는 요인과 개인의 성격에서 비롯되는 요인으로 구분하여 살펴볼 수 있다.

① 사회적 재적응도

개인의 결혼생활·직장생활·경제생활 등이 개인의 스트레스 요인으로 작용할 수 있다는데 촛점을 두고, 이러한 생활중에서 한 개인이 직면하게 되는 중요한 사건들 중에서 재적응을 필요로 하는 사건들은 스트레스를 유발하게 된다. 사건들이 연속해서 발생하면 스트레스가 쌓인다는 사실에 기초하여 스트레스와 질병·건강악화·사고를 예측할 수 있는 유용한 사회적 재적응 평가척도가 홈스(T. H. Holmes)와 라에(R. H. Rahe)에 의하여 개발되었다.59)

〈표 2-2〉에서 보는 바와 같이 이러한 평가척도에는 개인에게 일어날

---

58) 강인호, 관광호텔 종사원의 직무 및 생활스트레스가 서비스질과 자발적조직행동에 미치는 영향, 국민대학교 대학원, 1993, pp.170.

59) T. H. Holmes and R. H. Rahe, The Social Readjustment Rating Scale, Journal of Psychosomatic Research, 1967, vol. 2. pp.213~218

수 있는 43개 항목의 생활사건에 대해서 상대적 재적응 필요값을 부여
하고 있다.

<표 2-2> 사회적 재적응 평가척도

순 위	생활사건	평균치	순 위	생활사건	평균치
1	배우자의 사망	100	23	자녀의 가출	29
2	이혼	73	24	친인척과의 불화	29
3	별거	65	25	탁월한 개인적 성취	28
4	감옥기간	63	26	배우자의 취업 및 실직	26
5	친척의 사망	63	27	입학 및 졸업	26
6	개인적 질병	53	28	생활여건의 변화	25
7	결혼	50	29	개인습관의 수정	24
8	직장해고	47	30	상사와의 불화	23
9	재회	45	31	근무시간 및 조건변화	20
10	정년퇴직	45	32	주거의 변화	20
11	가족의 건강변화	44	33	전학	20
12	임신	40	34	여가활동의 변화	19
13	성행위 곤란	39	35	종교활동의 변화	19
14	출산	39	36	사회활동의 변화	18
15	사업 재조정	39	37	만 달러 이하의 저당·대출	17
16	재무상태 변화	38	38	수면습관의 변화	16
17	친구 사망	37	39	가족수의 변화	15
18	직무변화	36	40	식사습관의 변화	15
19	부부간 언쟁증가	35	41	휴가	13
20	만 달러 이상의 저당	31	42	크리스마스	12
21	저당권 회복상실	30	43	작은 법률위반	11
22	직무책임의 변화	29			

자료; Thomas H, Holmes and Richard H. Rahe, The Social Readjust
　　ment Rating Scale, Journal of Psychosomatic Research,
　　1967, pp.213~218.

그들은 이 평가척도를 이용하여 개인에게 지난 1년 동안에 그의 생활 중에서 경험한 사건을 표시하도록 하고, 11에서 100까지로 되어 있는 각 생활변화단위의 평균치를 합산하여 총합계가 150점 이하인 개인은 일반적으로 그 다음해에 좋은 건강을 유지하였고, 150에서 300점 이내인 사람의 경우에는 심각한 질병의 발병률이 약 50%이었으며, 300점 이상인 사람은 심각한 질병을 얻는 기회가 70% 이상이나 된다는 것을 발견하였다. 그러나 생활변화사건과 개인적 건강의 관계가 압도적인 것은 아니며, 그들간의 상관관계는 상대적으로 낮다는 연구도 있다.[60]

② 업무과중(work overload)

업무과중은 직무수행자에게 일정한 시간내에 처리하도록 요구된 업무가 처리할 수 있는 능력을 초과하는 것을 의미하는 것으로 양적 직무과중과 질적 직무과중의 2가지 유형이 있을 수 있다. 양적 직무과중은 수행해야 할 일의 양이 너무 많거나 또는 직무를 완성하는 데 필요한 시간이 부족한 경우이고, 후자는 어떤 개인의 직무를 완성하는 데 필요한 시간이 부족하거나 그 직무에 대한 성과표준이 너무 높이 설정되어 있는 경우를 말한다. 이에 반해서 업무과소는 별로 할 일이 없거나 단조롭고 일상적인 직무상황에서 능력을 발휘하고 도전할 만한 일이 주어지지 않는 경우를 말한다.

윌리암스와 앨리저는 건강의 관점에서 양적인 업무과중이 혈중 콜레스테롤의 상승과 같은 생화학적 변화를 일으킨다고 보고하고 있다.[61]

---

60) Scott M. Monroe, Major and Minor Life Events as Predictors of Psychological Distress:Further Issues and Findings, Journal of Behavioral Medicine, June 1983, pp.189~205.
61) K. J. Williams and G. M. Alliger, Role Stressors, Mood Spillover, and Perceptions of Work-Family Conflict in Employed Parents, Academy of Management Journal, August 1994, pp.837~868.

또 웨이맨은 1,540명의 회사중역에 대한 업무과중·업무과소와 스트레스의 관계에 대한 연구결과에서 스트레스 요인·스트레스·질병의 관계는 곡선형을 이룬다는 것이다. 즉, 업무과중 및 업무과소의 사람은 연속선상의 양극단을 나타내고 있으며, 이 두가지 현상은 많은 건강상의 문제를 일으킨다는 것이다.[62]

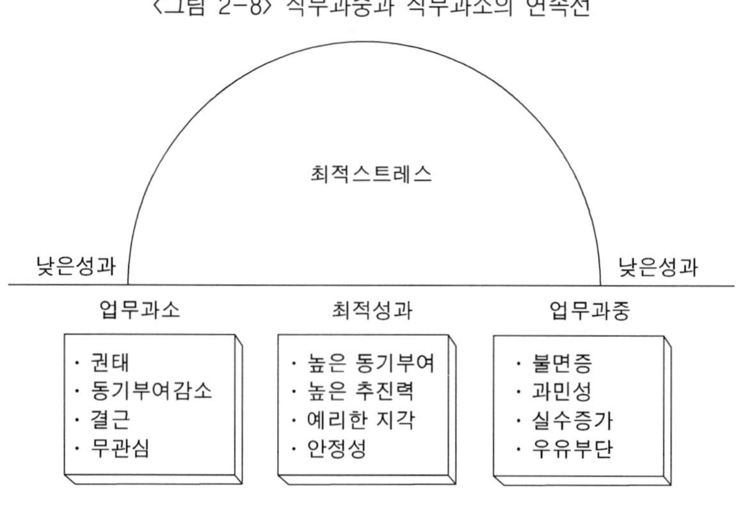

〈그림 2-8〉 직무과중과 직무과소의 연속선

자료: J.M. Ivancevich and M.T. Matteson, op. cit., pp.65

〈그림 2-8〉에서 보여 주는 바와 같이 직무과중과 직무과소의 연속선상에서 최적수준은 도전·책임·보상에 있어서 최상의 균형을 제공하고 있으며, 업무과중이 직무요구에 대응할 수 없는 낮은 능력과 결합될 때 업무과중의 잠재적인 부정적 효과는 악화될 수 있다는 것이다. 또한, 개인이 통제할 수 없는 높은 수준의 직무요구를 경험할 때 그 개인은

---

62) Clinton Weiman, A Study of Occupational Stressors and the Incidence of Disease/Risk, Journal of Occupational Medicine, February 1977, pp.119~122.

직장을 떠난 후에까지도 계속하여 생리적 변화가 일어난다고 주장하고
있다.[63]

3) 직무스트레스의 연구모형

H. Selye의 일반적응증상(General Adaptation Syndrone), H. Selye의
주장에 대한 W. B. Cannon의 연구[64], 그리고 R. S. Lazarus의 스트레
스 거래모델[65]은 직무스트레스 연구자들의 연구에 큰 영향을 미쳤다.
이들 모델 각각은 작업관련 스트레스의 문제를 접근하는데 타의 모범
을 보인다. H. Selye의 모델은 연구자들이 환경의 객관적 특징에 더욱
촛점을 맞추도록 제시한 반면, Lazarus모델은 환경요구에 대한 개인의
주관적 평가에 중점을 두고 있다. 그러나 비록 이러한 모델들이 연구자
들의 직무스트레스의 일반적인 문제를 개념화하는 방법에 영향을 미쳤
지만, 그들은 작업의 가장 중요한 특징이 무엇인가에 관해서는 명확한
지침을 제시하지는 못하고 있다.

본 연구에서는 직무스트레스에 대한 이론적 접근방법으로 문헌에서
가장 많은 부분을 차지하고 있는 개인-환경적합모델과 직무요구-직무
의사결정 수준모델을 살펴보도록 하며, 다음으로 본 연구의 이론적 근
거를 제시하고 있는 D.F. Parker와 T.A. Decotis모델과 W.H.Hendrix모
델 및 S. Parasuram모델을 제시하고자 한다.

---

63) M. L. Fox, D. J. Dwyer and D. J. Ganster, Effects of Str-
    essful Job Demands and Control on Physiological and
    Attitudinal Outcomes in a Hospital Setting, Academy of
    Management Journal, April 1993, pp.289~318.
64) W. B. Cannon, Bodily Changes in Pain, Hunger, Fear and
    Rage, Boston: Branford, 1929.
65) R. S. Lazarus, Psychological Stress and the Coping Process,
    New York: McGraw-Hill, 1966.

(1) 개인-환경적합모델(P-E Model)

개인-환경적합모델은 미시간 대학의 사회과학연구소에서 실행한 사회환경 및 정신건강 연구프로그램에 의해서 개발되었다. P-E적합 이론은 Lewin과 Murray의 동기화과정(Motivational Process)설명에 근거하며, 많은 조직행위 모델에서 구체적으로 표현되고 있다. 즉 스트레스는 개인과 환경 또는 상황의 상호작용에서 이해되어야 한다는 개념이다. 〈그림 2-9〉는 개인을 둘러싼 환경으로 부터 개인의 분화과정을 나타내고 있다.

객관적 환경이란 개인의 지각과는 상관없이 존재하는 물적·사회적 환경뿐만 아니라 개인이 접촉하지 않는 객관적인 사실을 말한다. 그리고 주관적 환경이란 객관적 환경에 대한 개인의 지각을 의미하며, 객관적 개인이란 현실 그대로의 인간을 말하고 이는 개인의 욕구, 가치, 능력과 그가 가진 특성을 의미한다.

또 주관적 개인은 자신에 대한 지각으로서 자아개념 혹은 자아정체감을 말한다. 개인의 현실접촉은 객관적 환경과 개인의 지각과의 괴리로써 정의된다.

직무스트레스는 개인의 동기나 능력에 맞는 직무환경을 제공하지 못하거나 개인의 능력이 직무환경을 감당하기 어려울 때 발생한다.

이러한 조직적 스트레스는 심리적인 긴장(직무불만족, 불안, 불면증), 신체적 긴장(고혈압, 콜레스테롤 증가), 행동적 징후(과도한 흡연, 과식)등을 초래할 뿐만 아니라 긴장과 질병을 야기시킨다. 이러한 결과는 개인으로 하여금 대처(Coping)와 방어(Defence)로써 조직과 자신과의 관계를 개선하려는 동기를 불러일으킨다. 대처란 객관적 환경 혹은 객관적 개인을 변화시킴으로써 개인-환경적합을 증가시키는 과정을 뜻한다.

<그림 2-9> P-E 적합모델로 본 심리적 스트레스

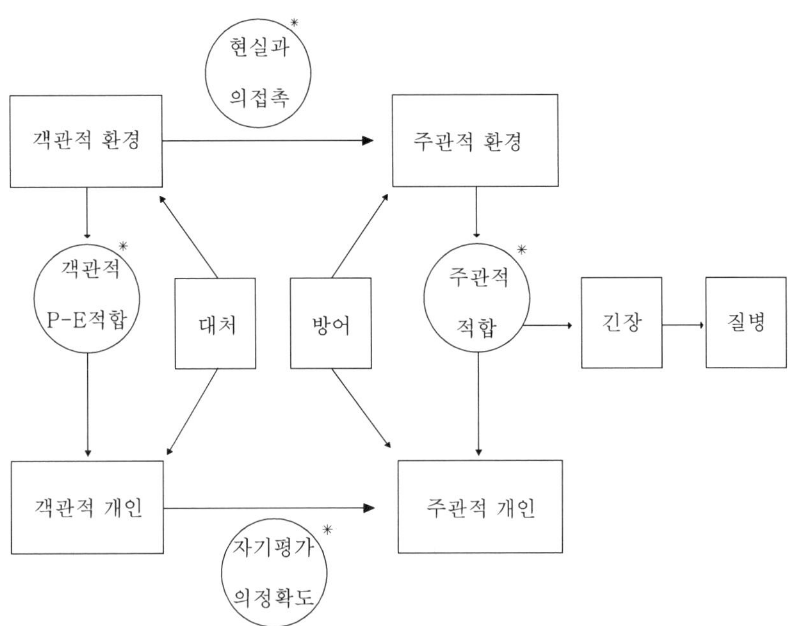

자료: R.V.Harrison, "Person-Environment Fit and Stress." In Cooper, CL & Payn,R. (Eds), Stress at Work, 1978, pp.175~205[66]

프랜치 등(J.R.p.French et. al.)의 연구는 직무스트레스 분야에서 탁월한 연구로 평가되는데 이들은 개인과 직무환경사이의 적합도가 경험된 스트레스를 결정한다고 주장한다. 일반적으로 적합의 2가지 유형으로는 첫째, 개인적선택·욕구·동기와 직무로부터 야기된 결과사이 두 번째는 직무요구와 근로자의 기능과 능력사이의 2가지 유형으로 나누어진다. 비록 프랜치 등은 개념적 수준에서 적합에 대한 2개의 설명을 구분했을지라도 P-E적합에 관한 일련의 경험적 연구는 유형간을 조작적으로 구별하지 않았다. 작업스트레스 문헌에 나타난 모델 테스트는 편차가 있기는 하지만 생리적, 심리적 긴장의 다양한 척도에서는 부적

---

66) * ( )안에 있는 개념은 인접 개념들 간의 괴리를, 직선은 인과관계를 접선은 상호작용효과를 나타낸다.

합척도와 관련이 있다. 모델의 가장 광범위한 조사는 23개 직업을 연구한 미시간 대학에서 있었는데,[67] 그 연구 적합점수는 P또는 E구성요소보다 긴장 결과의 더 나은 예측치로써 종종 발견된다.

모델의 발견적 가치는 어느 정도는 제한적이기는 하다. 이론의 효용성은 어떻게 하여 직업적 경험이 스트레스를 받게 되는지 설명하는데 달려있고 특정작업의 특성을 묘사하는데 있지는 않다. 결과적으로 이러한 연구방법을 사용하는 연구자들은 일반적으로 적합을 평가하는 똑같은 소규모 영역을 언급하고 있다.

J.R. Edward 와 C.L. Copper[68]는 P-E적합이론의 잠재적인 효용성을 인정하면서도 다음과 같은 방법적이고 개념적인 결점을 엄격히 조사하여 제시하고 있다. 즉, 첫째 이론가들은 적절한 결과에 적합의 2개모형을 관련시켜 그들의 모델을 설명하지 못한다. 둘째, 조사자는 여러가지 적합(불일치, 상호작용)의 수학적 유형을 적절히 구분하지 못했다. 셋째, 부적절한 척도는 P와 E구성요소에 대해서 사용되었다. 넷째, 연구자는 P-E 적합과 스트레스 결과사이의 관계를 평가하는데 부적절한 통계적 모델을 자주 사용한다. 아마도 이런 이유로 P-E적합이론은 1970년대에는 아주 뛰어난 이론이었으나, 1980년대의 작업스트레스 문헌에 독보적인 영향을 미치지 못하였다.

---

67) R.D. Caplan, S, Cobb, J.R.p.Jr. French, R.V. Harrison, & S.R. Pimneau, Job Demands and Worker Health. U.S.Department of Health, Education, and Welfare, Publication No: U.S. Government Printing Office, 1975, pp.75~160.

68) J.R. Edwards, & C.L. Cooper, "The Person-Environment Fit Approach to of to Stress: Recurring Problems and Some Suggested Solutions", Journal of Organizational Behavior, 11, 1990, pp.293~307.

직무요구사항

(2) 직무요구-직무의사결정수준 모델

P-E적합 과정이론의 관심은 1970년대 말에 점점 줄어듦에 따라서 내용모델이 직무스트레스 이론가들의 관심을 사로잡기 시작하였다. 직무요구-직무의사결정수준 모델, 의사결정 수준모델 또는 요구-통제모델로 알려진 이 모델은 지난 10년간 행해진 직무스트레스 연구에 중요한 이론적인 기초를 제공하고 있다. 기본적 형태에서 이 모델은 〈그림 2-10〉과 같이 작업환경에서 서로 독립적으로 변화시킬 수 있는 2개의 구조를 설명하고 있다.

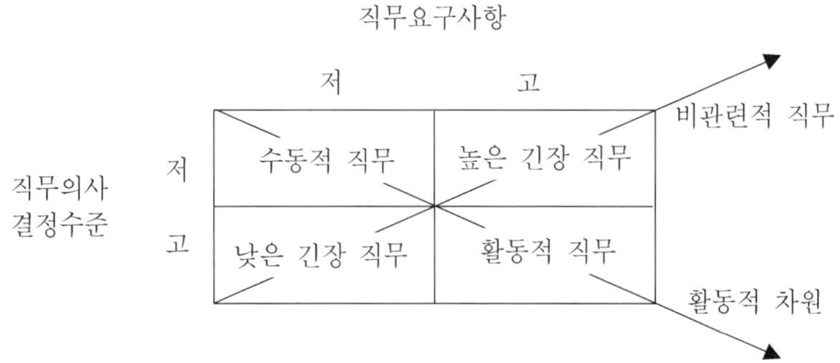

자료: R. Karasek, "Job Domands, Job Decision Latitude, and Mental Strain: Implication for Job Redesign:, AdministrativeScience Quarterly, 24, 1979, pp.288.

관리자의 직무에 따라 증가되는 요구는 증가된 요구에 수반하여 관리자의 의사결정 허용수준이 확대된다면 특별히 스트레스를 경험하게 되지 않을 것이다. 이러한 관계를 활동적·수동적 직무와 높은 긴장·낮은 긴장 상태의 직무간의 연결로써 파악되고 있다.

직무요구는 많은 일을 하면서 시간은 충분하지 않고, 상충되는 요구는 있으면서 빠르고 어려운 일을 해야하는 요구와 같은 심리적 스트레스를 말한다. 빠르고 바쁜 작업장은 피곤을 가져오는 신체적 요구를 강제하는 경우도 있으나 모델에 의해 예측된 스트레스와 관련된 결과는 이러한 작업량의 심리적 효과와 관련이 있다.

직무의사결정수준은 2개의 구성요소, 즉 직무에 대한 의사결정을 하는 작업자의 권한과 직무에 대해서 작업자가 사용한 기술의 다양성을 비교한다. 이 모델의 첫번째 가정은, 긴장은 정신적·육체적 건강에 문제를 일으키는 스트레스적 조건인데 긴장은 직무가 요구수준은 높고 통제는 저수준일때 일어난다는 것이다. 이러한 가정은 높은 수준의 요구는 심장박동 또는 아드레날린 소모작용과 같은 반응이 정상적인 작업자에게서 각성상태를 일으킨다는 이유에 근거한다.

둘째, 긍정적 결과(동기부여, 학습과 건강)는 개인의 직업이 능동적·생동적직업: 다시 말하면 심리적 요구의 높은 수준과 통제수준도 높을 때 일어난다는 것이다. 카라섹(R. Karasek)[69]은 학습과 스트레스 상호간의 효과를 포함하며 개인-환경 상호작용 과정을 더욱 동태적으로 설명하는 모델을 만들 수 있도록 돕고 있는 모델의 새로운 이론적 전개에 대해서 언급하고 있다. 그러나 이러한 전개도 아직은 광범위하게 주장되지는 못하고, 경험에 입각한 촛점은 건강결과에 대한 요구와 통제의 결합효과의 조사에 관한 것이다.

(3) D.F. Parker와 T.A. Decotiis모델

D.F. Parker 와 T.A. Decotiis는[70] 스트레스를 스트레서(Stressor)에

---

69) R. Karasek, "Control in the Work Place and its Health-Related Aspects", In S.L.Sauter, J.J.Hurrel, & C.L.Cooper, Job Control and Worker Health, Chichester, England: Wiley, 1989, pp.129~159.
70) D.F. Parker & T.A. Decotiis, "Organizational Determinants of

의해서 발생되는 1차적인 결과로 이해하고 있다. 그들은 스트레스 요인
을 〈그림 2-11〉에서 보는 바와 같이 6가지의 차원, 즉 작업자체·조직
특성·조직내에서의 역할·대인관계·경력개발 및 외부개입과 책임성
으로 분류하였다.

<그림 2-11> Parker와 Decotiis 모델

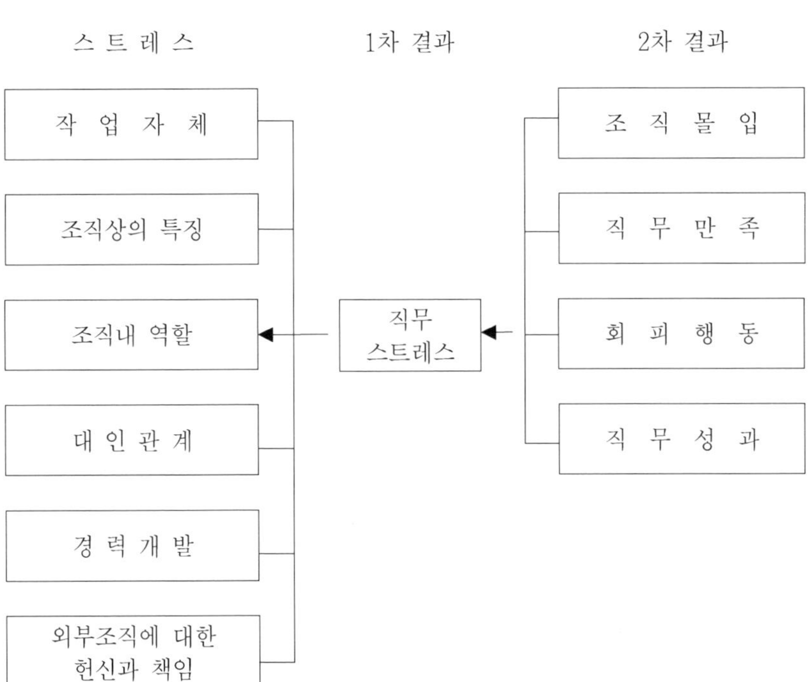

자료: D. F. Parker, & T.A.Decotiis, "Organizational Determinants
of Job Stress: Organizational Behavior and Human
Performance, 1983, pp.166.

이 모델은 스트레스를 발생시키는 원인을 선정하는 과정에서 개인차
를 고려하지 않은 점이 특성으로 지적된다.[71] 즉, 스트레스를 지각하는

―――――――――――

Job Stress", Organizational Behavior and Human Performance,
1983, pp.160~177.

근로자들은 개인차를 가지고 있기 때문에 환경에의 적응력, 지각의 정도와 이해 및 해소의 차원이 相異하게 마련이다. 그런데 스트레스를 발생시키는 요인 중에서 개인차를 무시한 상태에서 1차 결과와 2차 결과를 기대한다는 점에서 이론의 보완 및 개발이 필요하다. 특히 국가별 국민의 특성이나 의식구조차원에서 개인차가 크게 발생하기 때문에 스트레스의 인과모델에서는 개인차를 보완·활용하는 것이 바람직하다고 본다. 이 모델은 이론적 발전에 동기를 부여하고 있는 이론으로 간주할 수 있다.

(4) Hendrix 모델

W.H. Hendrix, N.K. Ovalle, R.G. Troxler의 스트레스 평가연구는 시민병원에서 채취한 370명의 혈액을 대상으로 실험경로 분석을 통해서 행동분야와 의학분야를 연결시키는 전체적 틀 내에서 예비적인 스트레스의 구조적 모델을 발전시킬 목적으로 〈그림 2-12〉와 같은 스트레스 일반 연구모델을 연구하였다.

실험경로 분석에 의해 조직을 떠나고자 하는 의도인 이직성향을 가져온다는 것을 경로상 명확하게 알 수 있다. 본 모델은 직무와 생활스트레스는 조직분위기·경영스타일·직무설계·집단갈등과 같은 조직내요인, 가족관계·주거영역·경제적요인의 조직외요인, 나이·성별·성격과 같은 개인적요인에 의한 결과이며 스트레스는 직접적으로는 직무만족에 영향을 미치고 간접적으로는 직무만족을 통해서 이직성향에 영향을 미친다.

---

71) 강인호, 관광호텔 종사원의 직무 및 생활스트레스가 서비스질과 자발적 조직행동에 미치는 영향, 국민대학교 대학원 박사학위논문, 1993, pp.47.

〈그림 2-12〉 스트레스 일반연구 모델

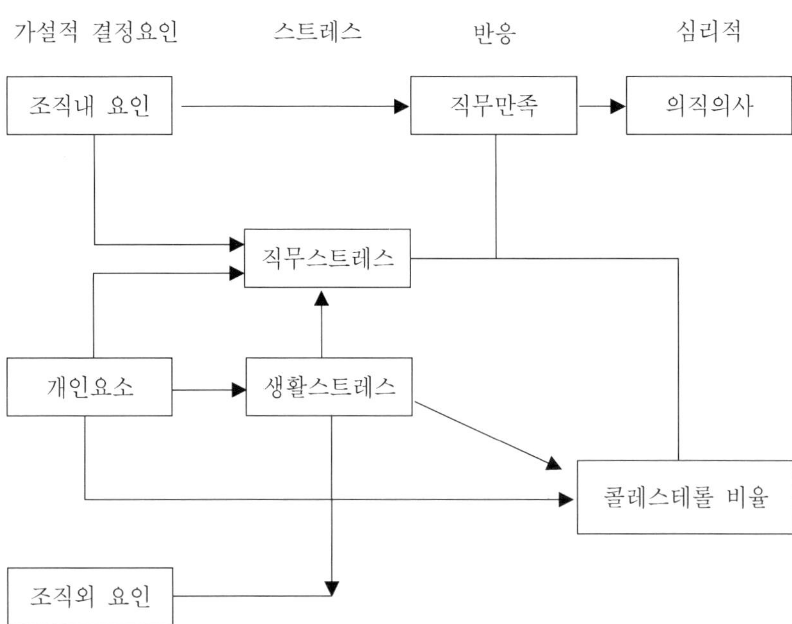

자료: W.H.Hendnix, N.K.Ovalle, & R.G.Troxler, "Behavioral and
Psysiological Consequences of Stress and Its Antecedent
Factors", Journal of Applied Psychology, 70, 1985, pp.188～201.

(5) Parasuraman모델

S. Parasuraman등[72]은 〈그림 2-13〉의 모형을 제시하고 이를 검증하기 위해서 감독자를 포함한 생산직 근로자를 대상으로 연구한 결과 스트레스와 직무만족과는 강한 부정적인 상관관계가 있음을 보였다.

---

72) S.Parasuraman & A. Alutto, "Sources and Outcomes of Stress
in Organizational Setting: Toward the Development of a
Structural Model", Academy of Management Journal, Vol.27.
1984, pp.333.

<그림 2-13> 스트레스 선행요인과 결과에 대한 모형

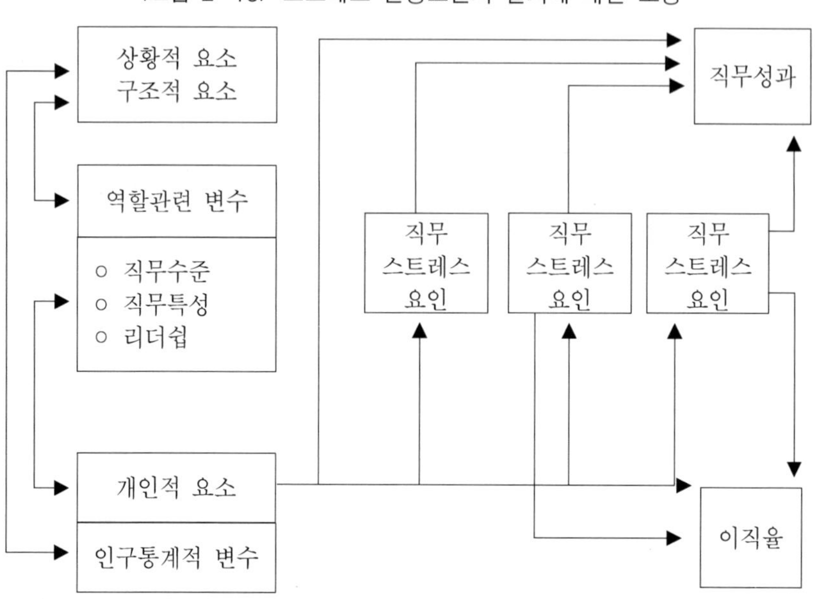

자료: S. Parasuraman & A. Alutto, "Sources and Outcomes of Stress in Organizational Setting: Toward the Development of a Structual Model," Academy of ManagementJournal, Vol. 27, 1984, pp.333.

4) 관광호텔종사원의 직무스트레스 조절요인

사람들은 같은 스트레스요인에 대해서 제각각 다른 반응을 나타내고 있다. 즉, 어떤 사람은 특정 스트레스 요인에 대해서 더욱 잘 대처하고 더 좋은 적응행동을 보이고 있으며, 또 다른 사람은 그 스트레스 요인에 대해서 적절히 적응하지 못하고 있다.

스트레스 요인, 스트레스, 스트레스 결과간의 관계를 조절할 수 있는 조절요인은 두 가지 변수간의 관계에 영향을 주는 조건·행동·특성을 말한다. 여기에서 두 변수간의 관계를 강화시키거나 약화시킬 수 있는 대표적인 조절요인으로 성격적 측면, A유형, 행동패턴, 사회적지원에 대해서 살펴보기로 한다.

(1) 성격적 측면

성격적 측면은 개인행동의 유사성과 차이점을 형성하는 비교적 안정된 특성·기질·경향 등을 말하는 것으로서 이들은 경험하게 될 스트레스의 가능성에 영향을 미칠 수 있으며 또한 스트레스 결과의 특성 및 정도에 영향을 주게 된다. 성격적 측면의 구체적인 내용으로는 모호성에 대한 포용도, 통제의 위치에 대한 신념, 자존심 등을 들 수 있다.

① 모호성 포용도

모호성 포용도는 어떤 개인이 비구조화되거나 애매모호한 상황에서 안정성을 갖는 정도를 의미한다. 어떤 사람은 수행할 직무, 직무수행순서, 직무수행방법, 다음에 수행할 직무 등에 대하여 분명하게 규정될 것을 강하게 요구하고 있으며, 또 다른 사람은 직무에 대한 상세한 정보 없이도 무난히 수행하고 있다. 이러한 경우에 前者는 낮은 모호성 포용도를 가지며, 後者는 높은 모호성 포용도를 지닌 것으로 말할 수 있다.

조직에서 이러한 모호성 포용도는 스트레스 관계를 조절하는 역할을 하는데, 낮은 모호성 포용도를 갖는 사람은 높은 포용력을 갖는 사람보다 조직상황에 대해서 보다 많은 스트레스를 받게 된다는 것이다. 즉, 낮은 모호성 포용력을 갖는 종업원은 높은 포용력을 갖는 사람보다 더 많은 불안과 스트레스를 주는 역할모호성에 대해서 민감한 반응을 보인다는 것이다.

② 통제위치에 대한 신념

개인의 통제위치는 각 개인이 자신의 성공 또는 실패의 원인을 어떻게 귀인시키느냐에 따라서 내재론자(internal-locus of control)와 외재론자(external-locus of control)로 구분된다. 내재론자는 자신의 성공 또는 실패를 자신의 행동능력 및 노력과 같은 내적요인에 귀인시키는 반면에, 외재론자는 기회나 운명 같은 외적요인에 귀인시킨다. 내재론자는 스트레스 상황에 직면하면 인내심을 가지고 자신의 노력으로 대처한다. 반면 외재론자는 지원을 받은 상황에서는 능력을 최대한 발휘한다. 그러나 환경이 스트레스 상황으로 변하면 이에 대응하지 못하고 비생산적인 활동을 함으로써 스트레스를 해소하려고 한다.[73]

통제위치와 스트레스에 관한 연구결과에 따르면 내재론자들은 외재론자보다 자기의 직무가 스트레스를 준다고 생각하지 않으며 조직에서의 일반적인 스트레스 수준도 외재론자들보다는 낮은 것으로 나타났다.[74] 즉, 내재론자는 자기행동을 잘 통제하며 외재론자보다 스트레스 상황에서의 적응력이 높아서 스트레스를 적게 받으며 높은 직무성과를 갖는다는 것이다.

③ 자존심

개인의 또다른 성격속성인 자존심은 스트레스의 중요한 조절변수이다. 높은 수준의 자존심을 갖는 사람은 자존심이 낮은 사람보다 자신의 능력에 대해서 보다 확신을 가지며 자신에 대해서 좋은 감정을 가지고 있기 때문에 환경애 대하여 덜 위협을 느끼는 경향이다. 더욱이 자존심이 강한 사람은 위협을 지각하게 될 때, 신속하고 합리적이며 최소의 역기능적 결과에서 대처하도록 결정하는 경향이 있다. 이와 같이 자존심과 스트레스의 관계에 있어서 자존심은 스트레스 요인으로부터 스트레스 결과에 이르는 과정을 조절하는 기능을 한다.

---

73) S. L. Wagoner, Stress Many Disguises, The Conference Board Magazine, 1987, pp.51~53.
74) 신철우, 조직행동론, 문영사, 1998. pp.262.

(2) A유형 행동패턴

심장병리학자인 M. Friedman 과 R. Rosenman은 1970년대에 심장혈관질환에 관심을 가지고, 冠狀心臟病의 원인과 치료에 관한 단서를 찾기 위해서 의학문헌을 조사하였다.[75]

그들은 혈압·음식콜레스테롤·연령·유전 등과 같은 요인으로는 관상심장질환이나 심장에 대한 산소공급의 부적절한 조건을 완전히 설명할 수가 없었으며, 다른 어떤 요인들이 그 질환의 발생에 중대한 역할을 하고 있음을 알게 되었다. 즉, M. Friedman 과 R. Rosenman 은 환자들에 대한 면담과 관찰을 통하여 그들의 심장질환에 관계된 것으로 나타난 어떤 일련의 행동과 특성을 발견한 것이다. 여기에서 그들은 이러한 행동을 A유형과 B유형이라고 일컫게 되었으며,[76] A유형 사람의 특성을 다음과 같이 설명하고 있다.

첫째, 적극적이고 야심적이고 경쟁적이고 강제적이다.

둘째, 다른사람이 하고 있는 일을 서둘러 끝내도록 말한다

셋째, 가장 짧은 시간에 가능한 한 많은 일을 수행하도록 투쟁한다.

넷째는 인내심이 적고 기다리는 것을 싫어한다.

다섯째, 마감시간 내의 성취에 집착하며 강한 직무지향적이다.

여섯째는 항상 사람·일·사건들과 투쟁한다.

---

75) M. Friedman, R. Rosenman and V. Carrol, Changes in the Serum Cholesterol and Blood-Clotting Time in Men Subject to Aychi Variation of Occupational Stress, Circulation, 1978, pp.858~861.

76) J. M. Ivancevich and M. T. Matteson, A Type A-B Person-Work Environmental Interaction Model for Examining Occupational Stress and Consequences, Human Relations, 1984, pp.491~513; K. A. Mathews, Psychological Perspctives on the Type A Behaviral Pattern, Journal of Human Stress, January 1977, pp.2~18.

한편, B유형 사람은 A유형의 특성을 지니고 있지 않으며, 일반적으로 시간과 사람에 대해서 압박적인 갈등을 느끼지는 않는다. B유형은 상당한 動因을 가지고 있으며, 강한 성취욕구와 함께 열심히 일하는 특성을 갖는다. 그러나 그들은 시간과 경쟁하지 않으며 꾸준히 일하는 스타일이다. 즉, A유형은 競走馬(racehorse)같고, B유형은 거북이와 같다고 할 수 있다.

M. Friedman 과 R. Rosenman 의 연구는 스트레스의 이해와 그 결과, 그리고 사람들의 스트레스에 대한 반응방식의 차이에 중요한 공헌을 하였다. 그 이후에도 많은 연구자들은 구조화된 면담, 자기보고척도를 이용하여 A유형과 B유형의 사람을 각각 연계시켜서 연구하려고 시도하였다.[77] 이 연구에서 A유형 사람이 B유형 사람보다 더욱 많이 관상심장질환에 걸릴 수 있다고 주장하였다. 예를 들면 11개 조직의 3,000명이 넘는 종업원에 대한 8년 동안의 연구에서 A유형 사람들은 B유형보다 두 배 이상의 심장질환을 가지고 있었다는 것이다.[78] 더욱이 그 연구에서 A유형과 B유형 사람들은 직무관련 상황에 달리 반응하고 있었는데, A유형 사람은 B유형 사람보다 스트레스를 유발하는 상황에 보다 신속하게 반응하는 것으로 나타났다. 그러나 스트레스가 인식되었을 때 B유형 사람이 A유형 사람보다 더 빨리 대응행동을 취한다는 것이다.[79]

---

77) I. Waldron, The Coronary Prone Behavior Pattern, Blood Pressure, and Socio-Economic Studies of Woman, Journal of Psychosomatic Research, March 1978, pp.79~87.

78) R. Rosenman et al., Coronary Heart Disease in the Western Collaborative Study: A Follow-up Experience of 4.5 Years, Journal of Chronic Disease, April 1970, pp.173~190.

79) J. H. Howard, D. A. Cunningham, and p.A. Rechnitzer, Role Ambiguity, Type A Behavior, and Job Satisfaction: Moderating Effects on Cardiovascular and Biochemical Responses Associated with Coronary Risk, Journal of Applied Psychology, February 1986, pp.95~101; S. Kirmeyer, Coping with Comp-

A유형 사람은 단기적으로는 과업을 훌륭하게 수행하여 직무성과를 향상시키지만 장기적으로는 지나친 직무몰입으로 B유형보다 더 많은 스트레스를 받음으로써 성장하지 못한다는 것이다. 그리고 A유형의 주요 성격특성은 경영자의 직무에 관련되고 있으며, 특히 적극성·경쟁성·강행성·시간관념 등은 흔히 경영자의 역할을 특징지어 주는 요소가 된다고 한다.

(3) 사회적 지원

어느 직업이나 마찬가지지만 관광호텔 종사원들도 그들이 사회적으로 존경받기를 원하고 있다. 대다수 관광호텔 종사원들은 그들의 직업적 요구에 따라서 그들의 의무를 실행하고 있다. 관광호텔 종사원들의 직업에 대한 지역사회의 그릇된 인식과 호칭에 대한 부정적인 시각은 많이 줄어들었지만, 아직도 관광호텔 종사원들로 하여금 직무스트레스 요인으로 작용하기도 한다.

사회적 지원(social support)이란 어떤 개인이 다른 개인이나 집단과의 접촉을 통해서 얻게 되는 위안·지원·정보 등을 의미하는 것으로서, 사회적 지원의 운영은 어떤 개인과 상호 작용하는 사람의 수, 다른 사람과 접촉하는 빈도, 대인관계의 적합성에 대한 지각 등의 측면에서 중점적으로 다루게 된다. 이러한 요인을 이용하여 실시한 연구결과에 의하면 사회적 지원이 스트레스 요인에 의한 부정적 결과로부터 개인을 보호하고 충격을 완화시킬 수 있다고 시사하고 있다. 또한 공장근로자와 사회적 지원의 상호작용에 관한 연구에서 동료근로자의 지원이 역할갈등과 건강의 관계를 조절하고 있었다는 것이다.

즉, 사회적 지원수준이 높을수록 질병 발생률이 적었다고 보고하고

---

eting Demands: Interruption and Type A Pattern, Journal of Applied Psychology, November 1988, pp.621~629.

있다.[80] 따라서 경영자는 조직의 전략적 차원에서 종업원의 스트레스를 감소시키기 위한 사회적 지원방안을 연구하고 실천하는 것이 필요하다고 하겠다.

5) 관광호텔 종사원의 직무스트레스 결과

관광호텔종사원의 직무스트레스는 관광호텔 조직의 환경요인에 의하여 발생하지만, 관광호텔종사원 자신이 해결할 수 있는 자원이나 사회적 지원이 불충분하고 상사와의 관계가 부적합하다고 스스로 지각할 때 발생한다.[81]

이러한 직무스트레스는 개인의 목표성취를 위한 자기동기부여나 자극과 같은 긍정적인 효과, 또는 개인의 분열적·비생산적·위험적 행동과 같은 부정적인 효과를 가져올 수 있다. 그러나 직무스트레스에 관한 연구는 부정적 결과에 촛점을 두는 것이 일반적이다. 한 연구소의 연구에 의하면 미국경제에 있어서 스트레스 관련비용은 연간 1,870억 달러에 달하는 것으로 추정되고 있으며, 이러한 비용은 생산성 손실·작업실수·질병치료 등을 포함한 것이다.[82]

직무스트레스의 결과는 크게 개인에게 영향을 주는 개인적 결과와 조직에 영향을 미치는 조직적결과로 구분하여 살펴볼 수 있다.

---

80) J. M. LaRocco, J. S. House and J. R. p.French, Social Support, Occupational Stress, and Health, Journal of Health and Social Behavior, June 1980, pp.202~218.
81) 이성희, 관광호텔종사원의 직무스트레스에 관한 연구, 박사학위논문, 경기대학교 대학원, 2001, pp.73.
82) 신철우, 전게서, pp.265.

(1) 개인적 결과

직무스트레스의 결과는 개인에 따라서 다르게 나타날 수 있으나 대체로 심리적·행동적·생리적 결과로 구분된다.

심리적 결과로써 스트레스는 개인의 불안·좌절·무관심·자존심의 저하·공격성·우울증·신경쇠약·심리적 무기력·수면방해·성적 역기능 등을 초래하게 된다.

행동적 결과에서는 정상적인 수준을 초과하는 스트레스는 개인행동에 있어서 권태·집중력 저하·신경질적 반응·지나친 흡연 및 음주·약물남용·무절제한 식사·충동적 행동 등이 나타나게 된다.

생리적 결과에 있어서 스트레스와 육체적 건강에는 깊은 관계가 있는 것으로 보고되고 있다. 홀트(R.R. Holt)는 질병의 50% 이상이 스트레스에 관련된 근원을 갖는다고 주장하고 있다.[83]

스트레스 관련 생리적 결과는 혈당증가·혈압상승·구강건조·발열·호흡곤란·심장병 발생 등의 역기능 현상이 나타나게 된다.

(2) 조직적 결과

직무스트레스의 조직적 결과는 여러 가지 측면에서 다양하게 나타나고 있지만 그 결과의 공통된 특징의 하나는 스트레스가 조직의 비용을 가져온다는 사실이다. 미국의 경우 연간 1,870억 달러의 스트레스 비용은 스트레스로 인한 경영효율성의 감소, 의사결정의 혼란 및 창의성 결여, 정신적·육체적 건강상의 문제, 병원 및 의료비용, 작업시간의 손실, 이직비용, 태업손실 등과 관련시켜 추산된 조직적 결과이다. 따라서 분명한 것은 스트레스가 조직운영에 미치는 결과가 매우 중대하다는 사실이다.

---

83) R. R. Holt, Occupational Stress, in Handbook of Stress, edited by L. Goidberger and S. Breznitz, New York; Free Press, 1982, pp.419~444.

① 직무불만족

직무불만족은 종사원이 조직에 대해서 갖는 불쾌하거나 부정적인 감정의 상태로써 이는 조직의 많은 역기능적 결과의 원인이 될 수 있다. 즉, 종업원의 이직률·결근율의 증가·직무성과의 감소, 생산성 저하, 불량률 증가, 품질저하, 산업재해의 발생 등으로 조직의 성장과 수익에 직·간접으로 부정적인 결과를 가져오게 된다.

미국의 국가안전위원회와 국립 직업안전 및 건강연구소의 스트레스 관련 조직비용에 관한 보고서의 내용은 다음과 같다.[84]

첫째, 산업재해사고의 75~85%는 스트레스에 의해서 야기되고 있으며, 연간 320억 달러의 비용을 발생시키고 있다.

둘째, 스트레스에 관련된 심장질환으로 연간 185백만 근무일 이상의 손실을 가져오고 있다.

셋째, 스트레스 관련 두통은 미국 전 산업에 걸쳐서 작업손실의 원인이 되고 있다.

넷째, 종업원 심신장애의 60% 이상이 심리적·정신신체적 문제에 의하여 영향을 받고 있으며, 연간 26억 달러의 장애 및 의료비용으로 지출되고 있다.

② 결근율과 이직률

직무스트레스는 결근률과 이직율에 영향을 미친다. 관광호텔 종사원이 결근을 하거나 관광호텔을 떠나는 원인은 관광호텔 종사원이 원하는 보상을 호텔에서 충족시켜 주지 못해 종사원의 기대에 미치지 못하기 때문이다. 이러한 결근과 이직행동은 둘다 종사원들이 직무환경에서 멀어진다는 것을 의미한다.[85]

---

84) J.M.Ivancevich and M. T. Matteson, op, cit, pp.662.
85) 이성희, 관광호텔종사원의 직무스트레스에 관한 연구, 경기대학교 대학원, 2001, pp.104.

직무스트레스로 건강을 해친 관광호텔종사원들은 우선 일을 하러 호텔에 나오지 못하거나 일하러 나오더라도 제대로 직무수행이 어렵다. 만약 근로자가 지정된 시간에 작업에 참여하지 못하거나 조직을 떠나려고 한다면 조직은 작업을 수행하지 못함에 따라 많은 비용을 부담하여야 한다. 결근, 파업, 지각, 휴업 및 이직 등은 스트레스에 대한 대응전략으로 종사원이 선택할 수 있는 철회의 형태라고 할 수 있으며, 스트레스는 결근율과 이직률 등의 철회행동에 직접적인 영향을 미친다. 스트레스와 이러한 결근률 및 이직율은 상관관계가 있는 것으로 실제 연구에서도 밝혀지고 있다.

③ 직무성과

스트레스의 긍정적·부정적 측면이 스트레스와 직무성과의 관계에서 분명히 나타나고 있다. 즉, 직무성과와 스트레스의 관계를 〈그림 2-14〉에서 잘 묘사하고 있다.

〈그림 2-14〉 전형적인 성과와 스트레스의 관계

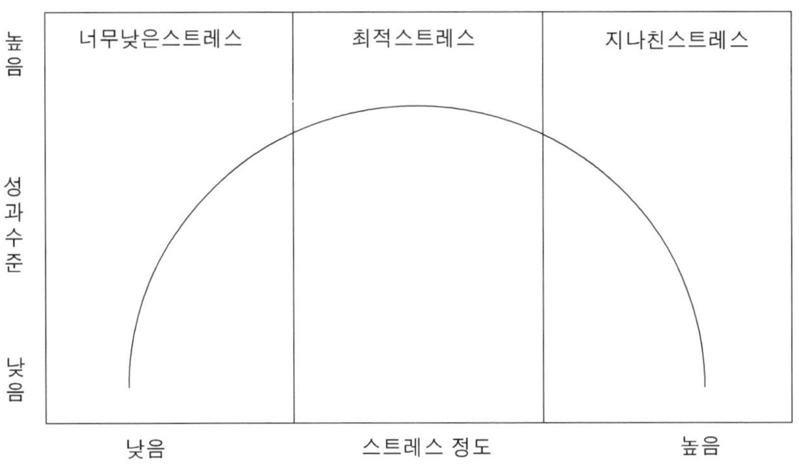

자료: D.Hellriegel, J.W.Slocum, Management, 7th ed, Cincinnati Ohio 1996, pp.250

종사원들은 낮은 스트레스 수준에서는 최선의 직무수행을 위해서 충분히 도전하거나 몰입하지 않으며 스트레스의 정도를 증가시킴으로써 성과를 개선시키게 된다. 최적의 스트레스 수준에서 그들은 최상의 직무성과를 성취하게 되며, 스트레스가 최적수준을 초과하게 되면 성과는 악화되기 시작한다. 그리고 지나친 스트레스 수준에서의 호텔종사원들은 최선의 직무를 수행할 수 없을 만큼 동요되고 자극받으며 위협을 당하게 된다.

조직의 성과와 스트레스의 관계에 관한 연구들은 스트레스의 정도와 전반적인 직무성과간에 강한 부정적 상관관계가 있음을 보여 주고 있다.[86] 즉, 종사원이 경험하는 스트레스가 클수록 그들의 생산성은 낮아진다는 것이다. 이러한 부정적인 관계는 직무수행이 〈그림 2-14〉의 오른쪽 커브인 지나친 스트레스 환경에서 진행되고 있음을 시사하는 것이다. 따라서 경영자는 이러한 상황에 있어서 여러 가지 중요한 스트레스 요인을 감소시킬 수 있는 방법을 탐구하는 것이 필요하다.

3. 관광호텔 종사원의 직무스트레스 관련요인

1) 직무특성과 직무스트레스

직무특성이론은 Herzberg의 직무충실화에 기본을 두고는 있으나 현

---

86) C.R. Greer and M. D. A. Castro, The Relationship Between Perceived Unit Effectiveness and Occupational Stress: The Case of Purchasing Agents, Journal of Applied Behavioral Science, 1986, vol.22, pp.56~175; S.J. Motowidlo, J. S. Packard and M. R. Manning, Occupational Stress: Its Causes and Consequences for Job Performance, Journal of Applied Psychology, 1986, vol. 71, pp.618~629.

재의 직무를 진단하고 이에 따라서 변화를 시도한다는 思考를 새로 도입하고 있다. 이러한 이론은 어떤 직무가 사람들에게 일할 마음을 갖게 하며, 또한 어떤 사람들이 그 일에 적합한가, 그리고 어떻게 하면 동기부여를 많이 제공하는 직무로 만들 수 있는가, 그리고 이에 따른 작업자의 작업행위나 직무만족, 조직성과의 향상 등과 같은 결과를 어떻게 측정할 것인가 하는데 대한 해답을 제공하려는 것이라고 할 수 있다.[87]

직무특성과 스트레스와의 관련 연구 中 대표적인 것으로 Rousseau의 연구를 들 수 있다. 그는 4개월 동안 4회에 걸쳐 라디오 방송국과 전자회사의 271명의 종업원을 대상으로 Hackman의 다섯 가지 직무특성에 역할갈등, 역할모호성을 추가한 일곱 변수와 정신적 스트레스 및 육체적 스트레스와의 관계를 연구한 결과, 직무중요성을 제외한 나머지는 정신적인 스트레스와 강한 負의 상관관계를 가지며 육체적 스트레스와는 자율성, 피드백, 직무다양성 만이 負의 상관관계를 갖는 것으로 나타났다. 또한 일곱 가지 직무특성은 육체적 스트레스 보다 정신적 스트레스와 더 높은 상관관계가 있다고 주장하였다.[88]

Hackman과 Lawler는 직무의 특성을 세 가지로 지적하고 있다.[89]

첫째, 직무는 직무수행자로 하여금 자신의 일에 있어서 의미있는 부분에 대한 개인적 책임감을 느낄 수 있도록 되어져야만 한다. 개인은 자신이 행하는 일을 자기자신의 것으로 인식해야 하고, 일의 결과에 대

---

87) Hackman, J. R., Oldham, G., Janson. R., and K. Purdy, "A New Strategy for Job Enrichment, "California Management Review, Vol. XVII, No. 4. 1975, pp.58.
88) Rousseau, D. M., "Characteristic of Department, Position and Individuals: Contexts for Attitudes and Behavior" Administrative Science Quarterly, Vol. 23, 1978, pp.521~540.
89) Hackman, J. R., and E. E. Lawler III, "Employee Reactions to Job Characteristics", Journal of Applied Psychology, June, 1971, pp.259~286.

해서도 성패에 관계없이 개인적인 책임이 있다고 믿어야만 한다.

둘째, 직무는 개인에게 보람이나 값어치를 느낄 수 있는 결과를 부여해 줄 수 있어야 한다. 보람을 느끼려면 자신이 수행한 일이 전체적인 일의 한 부분이 충분히 되어야 하고, 여러 가지 기술과 능력을 이용하여 일을 달성할 수 있는 기회를 제공하는 경우라고 하였다.

셋째 직무는 성취결과에 대한 피드백이 제공되어야만 한다고 하였다. Hackman, Oldham 그리고 Purdy는 직무충실화 실시에 대한 새로운 기술을 개발했다.[90] 이들은, 자신이 수행하는 직무가 개인에게 의미가 있고, 완성결과에 대하여 독자적인 책임이 있다는 것을 알고 짧은 시간 내에 결과를 인식한다면 기분이 좋아지는 동기부여가 된다고 주장한다.

종업원은 과업상, 기술의 다양성·정체성·자율성·피드백·과업의 중요성을 너무 많이 느끼게 되어 지나친 자극을 받는 현상이 되면 스트레스를 느낄 수 있다. 직무의 요구조건이 익숙할 정도로 설계되었다 할지라도 종업원은 지나친 과대역할 부여로 스트레스를 느낄 수 있는 것이다.[91] 한가지 이상의 핵심적 직무를 해소함으로써 직무와 인간간의 관계를 증진시키고 직무담당자에게 동기를 부여하게 된다.

직무관련 스트레스 요인으로 먼저 과업특성을 들 수 있는데 Hackman과 Lawler는 과업특성을 과업자율성, 과업다양성, 과업정체성, 성과피드백, 대인관계, 사교기회로 분류하여 전화회사를 대상으로 이들과 직무만족 및 직무성과를 조사한 결과 다양성, 자율성, 정체성, 성과피드백의 4가지 결과를 지각하고 있는 근로자들이 긍정적인 직무만족과 직무성과를 보였다. 그 밖의 일부 다른 연구에서는[92] 직무특성차원을 4 가

---

90) Hackman J. R., Oldham G., Johnson R., and K. Purdy, Ibid., pp.51~71.

91) Kahn, R, Wolfe, D., Quinn, R., Snoeck, J., and R. Rosenthal, Organizational Stress; Studies in Role Conflict and Ambiguity," New York; Wiley, 1964.

92) ① Ferratt, T. W., and J. M. Reeve, "The Structural Integrity

지 이하의 차원을 주장하고 있다. 이를 구체적으로 記述하면 기술의 다
양성과 자율성을 하나의 요인으로 보는가 하면[93] 기술의 다양성과 과
업의 중요성을 하나의 요인으로 보는 경우도 있고[94] 기술의 다양성과
과업의 정체성을 하나의 요인으로 보는 경우도 있다.[95]

Schuler는 Hackman 등의 다섯 가지 직무특성이 욕구에 의해 영향을
받게 되는 제약, 요구, 기회와 스트레스에 관련이 있다고 하였고, Kara-

---

    of the JDS and JDS When Examined Together," Proceedings of the Midwest Division of Academy of Management, 20, 1977, pp.144~145.

② Invancevich, J. M., "The Performance to Satisfaction Relationship: A Casual Analysis of Stimulating and Nonstimulating Jobs," Organizational Behavior and Human Performance, 22, 1978, pp.350~365.

③ Katz, R., "Job Longevity as a Situational Factor in Job Satisfaction," Administrative Science Quarterly, 23, 1978, pp.204~223.

④ Lee, R., and A. R. Klein, "Structure of the Job Diagnostic Survey for Public Sector Occupations," Journal of Applied Psychology, 67, 1982, pp.515~519.

93) Dunham R. B., "The Measurement and Dimensionality of Job Characteristics", Journal of Applied Psychology, 61, 1976, pp.404~409.

94) ① O'Reilly, C. A., Parlete G. N., and J. R. Bloom, "Perceptual Measures of Task Characteristics: The Biasing Effects of Differing Frames of Reference and Job Attitudes", Academy Management Journal, 23, 1980, pp.118~131.

② Pokorney, J. J., Gilmore, D. C., and T. R. Beehr, "Job Diagnostic Survey Dimensions of the Job Rating Form", Organizational Behavior and Human Performance, 26, 1980, pp.222~237.

95) Fried, Y., and G. R. Ferris, "The Dimensionality of Job Characteristics: Some Neglected Issues", Journal of Applied Psychology, 71, 1986, pp.419~426.

sek은 직무중요성이 증가할수록 정신적 스트레스는 증가하고, 직무결정 자율성이 증가할수록 정신적 스트레스는 감소한다고 하며, 직무결정 자율성이 높고 직무요구성이 낮은 능동적 직무일수록 스트레스는 감소한다고 하였다.[96]

(1) 직무다양성

이것은 직무가 작업자로 하여금 그의 기능과 능력을 발휘할 수 있도록 하는 기회를 제공하는 정도를 말한다. 단 하나의 기능이 필요하더라도 의미성이 부여될 수는 있으나 많은 기능이 요구될 때 그 가능성은 더욱 커진다.

직무다양성과 이직의 경우도 많은 실증 연구결과 직무다양성이 높을 때 이직가능성이 낮은 것으로 나타났다.(Martin, 1979: Price & Mueller, 1979: Bluedorn, 1980).

Turner, Lawrence는 과업의 복잡성과 출근과는 긍정적인 관계가 있다고 밝혔는데, 이는 직무에 만족하고 직무스트레스가 긍정적인 영향을 미칠 경우에는 직무수행을 회피하려고 하지 않기 때문이다. 또한 Turner와 Lawrence는 기술의 다양성이 높은 직무는 직무수행상 자신에게 중요한 여러 가지 다른 기술을 요하기 때문에 직무수행상 보람을 맛보게 된다.

(2) 과업정체성

한 개인이 맡은 직무는 큰 일의 한 부분이기보다는 하나의 전체단위일 필요가 있다. 이렇게 직무가 스스로 얼마나 완전한 것이냐 하는 정도를 과업의 정체성이라고 한다.

---

96) Karasek, R. A., "Job Demands, Job Decision Latitude and Mental Strain; Implications for Job Redesign," Administrative Science Quarterly, Vol. 24, 1979, pp.285~308.

이 차원이 높을수록 직무의 의미는 더욱 커진다. 예를 들면 제품을 만드는데 있어서 한 부품만을 계속 다루는 것보다는 전체적인 제품을 만드는 것이 보다 의미있는 것이다.

단순하고 낮은 기술수준을 요하는 직무의 반복에서 오는 문제점을 해결하기 위하여 직무내용상 아무런 변화가 없이 단지 유사한 요소만을 첨가시키는 단순한 직무확장이 아니라 일의 내용과 상대적인 자율성을 다양화하여 수준 높은 기술을 요하는 직무로 확대시켜야 함은 많은 연구에서 입증되고 있다.

Turner와 Lawrence는 필수과업특성에서 과업의 정체성이 높은 직무의 특성을 변형과정에 시작과 끝의 분명한 인식을 갖도록 하는 명백한 사이클, 작업자가 느낄 수 있는 변형의 높은 가시성, 완성품에 있어서 변형의 높은 가시성, 상당한 크기의 변형 등이라고 하였다.[97]

(3) 자율성

이는 작업자들이 작업의 일정과 방법을 채택하는데 부여된 자유·독립성·재량권 등을 말한다. 자율성이 많은 직업에 종사하는 사람들은 그 작업의 성공과 실패에 대해서 보다 많은 책임감을 느끼게 된다. 이에 따라 개인의 내면적인 노력에 힘을 많이 쏟게 된다. 따라서 자율성은 작업결과에 대한 책임감과 밀접한 관계가 있다.

직무의 자율성이 낮은 경우, 전문집단·중소기업규모·노동 및 자본집약형 기업에서 특히 높은 수준의 이직의사를 보여주었다. 이러한 분석결과를 바탕으로 직무자율성 제고를 위한 노력은 비교적 고도의 전문성과 중소규모 기업 그리고 노동집약형과 자본집약형 기업에서 중점적으로 이루어져야 할 것이다.[98]

---

97) Turner, A. N., and p.R. Lawrence, "Industrial Jobs and the Worker," Boston: Harvard Graduate School of Business Administrative, 1965.

자율성의 차원은 작업자가 자기 일에 대한 책임을 느끼는 정도를 말해주는 것이다.

자율성을 측정한 결과 자율성이 높은 직무에 있는 작업자는 일의 결과를 자신의 탓으로 생각하지만 자율성이 낮은 직무에 있는 작업자는 일의 성패를 직무자체, 동료, 감독자의 탓으로 생각하게 된다.

Singh는[99] 직무자율성을 부여받은 직원은 역할모호성이 감소한다고 하였다. 역할모호성의 조직적 결정요인으로 피드백, 고려(consideration), 권한강화라는 3가지 변수를 가지고 모호성과 만족, 직무성과와 이직의도의 관계를 연구하였다. 그 결과 3가지의 결정요인 중 권한강화라는 변수의 상관도가 가장 높아 호텔종사원의 역할모호성을 줄이기 위해서는 호텔의 중간관리자는 종사원에게 권한강화를 통한 자율성을 부여하여야 한다는 것을 증명하였다.

오석윤은 관광호텔 관리자는 접객직종사원에게 권한을 위임함으로써 자율성을 최대한 보장하며, 솔선수범을 유도하여야 하며, 업무의 주도권을 최대한 접객직종사원에게 부여하고, 그들을 믿는 자세를 가져야 한다고 하였다.[100]

강인호는[101] 관광호텔종사원의 경우, 관리자의 퇴근시에 나타나는 접대허용범위, 할인범위, 객실 및 부대업장에서의 예약 및 좌석배정 등의 업무등[102] 에서 많은 직무스트레스를 경험하고 있으므로, 이러한 요인

---

98) 안관영, "인적특성, 직무특성 및 조직특성에 따른 이직관리방안에 대한 연구", 인하대학교 박사학위논문, 1992, pp.51.
99) Singh, Jagdip, Boundary role ambiguity: Facets, determinants, impact, Journal of Marketing, 57(April), 1993, pp.68.
100) 오석윤, 관리자의 서비스품질몰입에 의한 권한강화와 호텔일선직원의 역할 및 직무만족이 서비스품질에 미치는 영향, 호텔경영학연구, 2002, pp.34.
101) 강인호, 관광호텔 종사원의 직무 및 생활스트레스가 서비스질과 자발적 조직행동에 미치는 영향, 국민대학교 대학원, 1993, pp.171.
102) 특히 초과예약의 상황

을 감소시키기 위해서는 호텔종사원에게 최대한 자율성과 참여의식을 높이고 직무의 의사결정 허용범위와 책임한계를 명학히 하고 상황에 따라서 허용폭을 유동적으로 할 수 있도록 조직구조를 변경해야 한다고 주장하였다. 이렇게 될 때 관광호텔 종사원은 자기의 재능과 판단력을 시험할 기회가 많이 생기므로 보다 적극적으로 호텔업무를 수행하게 될 것이라고 하였다.

(4) 피드백

이는 작업자가 행한 일이 얼마나 유효하게 수행되었는가에 대한 정보를 습득하는 정도를 말한다. 작업자는 이에 따라 그가 행한 일에 대한 결과를 알게 되고 자기가 취한 방법에 대해서 수정을 하거나 개선하게 된다.

종업원 자신의 수행직무 성과가 어떤 결과를 가져 왔으며, 어떻게 이행되고 있는지 피드백 시키는 개방경로는 실질적으로 여러 가지 방법이 있다. 직무자체에서 피드백 되는 경우도 있겠고, 동료 및 감독자·고객 등을 통해 정보를 얻게 되는 피드백도 있다.

직무자체에서 얻는 피드백은 동료 및 감독자·고객 등에 의한 피드백 보다 수직적이며 개인적이기 때문에 자신의 직무에 대한 적극적인 통제력을 증가시킬 수 있다는 장점이 있다. 이와 같이 피드백은 직무수행자와 수행직무 사이에 존재하는 벽을 제거시키고 빠르고 신속한 대응조치를 함으로써 효과적인 직무를 수행할 수 있도록 하는데 중요하다.

<표 2-3> 작업현장에서의 스트레스 인자의 영향력

스트레스 인자	응답자 평균치	스트레스 인자	응답자 평균치
대화의 방해나 중단	2.8	상급자를 대함	2.1
역할갈등	2.7	업적평가 · 검토	2.0
작업부담	2.6	역할의 모호성	2.0
직무에 대한 관리시간	2.4	임금 · 보상	1.8
조직의 정책	2.3	면접 · 채용	1.8
외부활동을 위한 시간탐색	2.3	초과근무	1.7
부하에 대한 책임	2.3	예산에 맞는 일처리	1.7
타인의 해고	2.3	컴퓨터를 이용한 작업	1.5
징계 · 처벌	2.3	여행	1.4
사생활과 직장생활의 균형	2.2		

자료: Robbins, S. P., Organizational Behavior, Prentice-Hall, 6th, 1993, pp.638.

직무 자체에 의한 피드백 이외에도 새롭게 대두되는 피드백 방법으로 대고객 관계수립을 통해 외부로부터 정보를 얻는 방법과 품질관리 등을 통해 얻는 방법이 있으며, 직무성과 기록을 통한 공식절차에 의해서 정보를 얻기도 하고 컴퓨터나 자동장치를 이용하는 경우도 있다.

이와 같이 새로운 기술의 개발, 우수한 신제품의 제조 등 발전과 개발에 중요한 촉진요인으로 직무수행에서 매우 중요한 것이다.

Robbins는 작업장에서 스트레스를 유발하는 인자에 대한 조사결과를 위의 〈표 2-3〉과 같이 설명하고 있다.[103]

2) 직무스트레스와 결과요인

Gibson 등은 295명의 세일즈맨을 대상으로 한 연구결과 직무스트레

---

103) Robbins, S. P., Op.cit., pp.637~638.

스가 조직자체에 미치는 부정적인 결과로서 결근율, 조직몰입, 충성심, 낮은 생산성, 소외감 등을 들고 있으며,[104] Cox는 스트레스 요인에 의한 신체의 방어행위 과정에 관한 연구에서 조직에 미치는 효과를 결근율, 노사간 불화, 성과의 저하, 높은 사고율, 직무불만족 등을 들고 있다.[105] 그 외에도 공통적으로 포함되고 있는 결과요인으로는 음주, 사고, 심장병, 두통, 불안, 긴장, 결근, 이직, 업적생산성을 들 수 있는데 본 연구에서는 이직의사와 조직몰입을 결과요인으로 선정하여 직무스트레스와 어떤 관계에 있는지를 연구하고자 한다.

(1) 직무스트레스와 이직의사

직무스트레스와 이직에 대한 관계는 긍정적인 관계를 보이고 있다. 특히 역할모호성과 이직, 결근, 이직의사와의 긍정적인 관계가 많은 연구에서 입증되고 있다.

직무스트레스는 결근율과 이직율의 철회행동에 영향을 미친다. 직무스트레스로 건강을 해친 관광호텔 종사원들은 우선 일을 하러 호텔에 나오지 못하거나, 비록 호텔에 나왔다고 하더라도 효과적인 직무수행은 어렵게 된다. 관광호텔 종사원들이 유쾌하지 못한 환경에서 멀어지거나 떨어진다는 것은 당연한 일이며, 관광호텔 종사원들이 좋지 못한 특성을 갖고 있는 직무에서 멀어지는 것은 놀라운 일이 아니다.

스트레스와 이직율·결근율은 상당한 관계가 있는 것으로 밝혀지고 있다. 이러한 결근과 이직은 관광호텔에 비용을 발생시키는 원인이 되므로 부정적인 영향을 주며 바람직하지 못한 결과를 가져오게 된다. 또한 직무스트레스는 역할갈등, 역할과부하, 자원의 부적합과도 긍정적인 결과를 보이고 있다.(Brief, Aldag, 1987).

---

104) Gibson, J. L., Ivancevich, J. M., and J. H. Donnelly, Stress and Work, Scott Foresman & Co., 1980, pp.280.
105) Cox, T., Stress, Baltimore Univ., Park Press, 1978, pp.33.

서로 결합하여 머물거나 또는 떠나고자 하는 의사결정을 좌우하게 되는 다양한 종류의 요인들이[106] 지적되기도 한다. 그러나 이러한 각각의 학문적 성격에 따른 다양한 견해들에도 불구하고 많은 업적들은 서로 대립된다는 상호보완적인 것으로 여겨지고 있다. 그것은 하나의 복잡한 현상인 이직을 이해하기 위해서는 相異한 수준에서의 분석들과 각기 다른 원리들의 다각적인 시각이 요구되고 있다.

이직을 측정하는 방법으로는 이직율을 사용한다. 이것은 일정기간 동안에 이직한 구성원 수를 그 기간 동안의 평균구성원 수로 나누어 계산하는 것으로 종사원의 재직 기간과는 관계없이 조직을 떠나는 일반적인 경향을 반영하는 장점이 있다.

이러한 방법을 이용하여 4가지 통계량을 계산해낼 수 있다. 첫째는 조직에서 발생하는 이유에 의해서 자발적으로 이루어지는 자발적 이직, 둘째는 개인적인 이유에서 이루어지는 자발적인 이직, 셋째는 비자발적인 이직 그리고 네 번째는 조직의 내부적 이직이 있다. 이직성향이란 행동으로 나타난 결과가 아니라 장차 행동으로 나타날 수 있는 경향을 의미한다. 이직성향을 측정하는 방법은 앙케이트에 의할 수밖에 없다.[107]

Lyons는[108] 간호원을 표본으로 하여 수행한 연구에서 지각된 역할갈등이 자발적 이직과 관계가 있음을 밝혔으며, Gupta와 Beehr[109] 는 역할과다와 역할모호성, 자원부적합 등의 자극개념으로서 직무스트레스가

---

106) 예를 들면 개인적 요인, 직무특성, 보상체계, 감독과 집단관계 등

107) 김수곤·양병무, "제조업 고용실태와 인력관리", 한국경영자총협회, 1991, pp.90

108) Lyons, T. F., "Role Clarity, Need for Clarity, Satisfaction, Tension and Withdrawal", Organizational Behavior and Human Performance, Vol. 6, 1971, pp.91~110.

109) Gupta, N., and T. A. Beehr, "Job Stress and Employee Behavior", Organizational Behavior and Human Performance, Vol. 23, pp.373~387.

결근 및 이직의 결과에 영향을 미치고 있음을 밝혀냈다.

또한 Dalton 등은[110] 이직을 조직의 인적자원의 질을 증가시킴으로써 건전한 조직상태를 유지하는 측면에서는 기능적이고, 조직의 활동에 필수불가결하거나 양호한 작업능력과 인간관계를 가진 개인의 이직은 조직에 치명적으로 역기능적인 손실을 입힌다는 두 가지 측면에서 이를 고찰하였다. 또한 결근과 이직은 동료 작업자의 사기저하 및 결근자의 직무를 메우는데 필요한 임시채용으로 인하여 조직은 추가적인 비용을 부담하여야 한다면서 결근과 이직의 생성요소인 직무스트레스 관리의 중요성을 부각시켰다.

Spector 등은 남부 플로리다 대학의 191명의 여자 비서와 181명의 관리직을 대상으로 한 조사에서 스트레스와 이직의도 사이에는 높은 긍정적인 상관관계를 밝혔다. 특히 스트레스 요인 中 긴장, 역할모호성, 역할갈등과 높은 상관관계가 있음을 밝히고 있다.[111]

박만순은 경찰공무원에 대한 연구에서 경찰에 대한 지역사회 구성원들의 사회적 인식과 평가는 직무스트레스와 이직의도에 負의 영향을 미치는 것으로 나타났다. 즉, 사회적 평가가 높을수록 직무스트레스는 낮아지며, 사회적 평가가 낮으면 직무스트레스가 높아진다는 연구결과를 제시하였다.[112]

송병선은 "직무스트레스요인이 이직의사에 미치는 영향"이라는 조사

---

110) Dalton, D. A., Tudor, W. D., and D. M. Krackhardt, "Turnover Overstated: The Functional Taxonomy", Academy of Management Review, Vol. 7, 1982, pp.117~123.

111) Spector, p.E., Dewyer, D. J., and S. M. Jex, "Rlation of Job Stress to Effective, Health and Performance Outcomes: A Comparison of Multiple Data Source," Journal of Applied Psychology, Vol. 73, 1988, pp.11~19.

112) 박만순, 경찰공무원 직무스트레스가 이직에 미치는 영향, 서울대학교 대학원, 2000, pp.99.

에서113) 이직의사에 미치는 영향요인으로 과제특성과 자율성요인이 중요한 요인이며 역할과부하 요인은 전혀 설명력이 없다고 하였다.

김영철은114) 식음료 서비스종사자를 대상으로 한 "직무스트레스와 이직의도의 인과관계 연구"에서 공휴일 근무, 근무시간대, 근무자세, 업무의 양적과다, 업무내용의 질적과소, 장래성 등이 직무스트레스와 이직의도에 직ㆍ간접적인 영향을 미치는 주요 요인으로 작용하고 있으며, 직업에 대한 사회적 평가와 서비스 종사자에 대한 사회적 지원은 직무스트레스를 통해서만 이직의도에 간접적인 영향을 미치는 조절요인으로 작용한다고 하였다.

이성희는 "관광호텔 종사원의 직무스트레스에 관한 연구"에서 상사의 지원을 받으면 이직성향이 낮아진다고 하였으며 경력개발, 역할모호성, 역할갈등과 같은 직무스트레스의 원천도 낮아진다고 하였으며, 역할모호성과 경력개발에서 직무스트레스를 받으면 직무만족이 낮아지고 이직성향은 높아지므로 호텔종사원의 능력에 맞는 직무와 역할의 제시와 경력에 맞는 대우를 해야 한다고 주장하였다.115)

(2) 직무스트레스와 조직몰입

Alutto 등은116) 조직몰입을 개인이 약간의 보수, 자유, 지위 및 책임의 증가가 있어도 조직을 떠나지 않는다는 것으로 보았고, Kantor

---

113) 송병선, 직무스트레스가 직무만족과 이직성향에 미치는 영향에 관한 연구, 경희대학교 대학원, 1996, pp.109.
114) 김영철, 직무스트레스와 이직의도의 인과관계 연구, 경기대학교 대학원, 2002.
115) 이성희, 관광호텔 종사원의 직무스트레스에 관한 연구, 경기대학교 대학원, 2001, pp.206~207.
116) Alutto, J. A., Herbiniak, L. G., and R. C. Alonso, "On Operating the Concept of Commitment", Social Force, SUNYAB, Faculty Paper, 1973. pp.124.

는117) 사회 행위자가 조직을 위해 에너지와 충성심을 바칠 意思로 보았고, Lee는118) 어느 정도의 소속감이나 충성심으로 보았으며 조직몰입은 개개인이 조직목표에 대한 강한 신뢰 및 애착과 조직을 위하여 열심히 노력하려는 의지 그리고 조직의 성원을 유지하기 위해 강한 욕망을 가지고 있을 때 발생한다고 하였다.

Scholl은119) 개인이 조직에 투자를 많이 하면 할수록, 도움을 받으면 그 은혜를 갚아야 한다는 영향이 크면 클수록, 개인이 취할 수 있는 대체안이 적으면 적을수록, 개인의 사회적 주체성을 특정 사회적 역할에 동일시하면 할수록 조직몰입이 높아진다고 하였다.

Jamel은120) 조직몰입을 직무스트레스와 직무성과의 관련성을 조절하는 요소로 파악하고 있다. 조직의 諸요인들은 직무스트레스를 생성하는 데 중요한 역할을 하고 조직몰입의 수준이 각기 다를수록 개인이 지각하는 스트레스의 양도 다르게 나타난다.

조직적으로 몰입된 개개인들은 조직에 대하여 높은 신뢰감을 가지고 있으므로 스트레스 증상인 불행이나 불운, 역경 등은 지각되지 않거나 약하게 지각하게 된다. 따라서 이들은 직무스트레스를 해결하고자 하는 데 그다지 많은 시간을 필요로 하지 않으며, 많은 시간을 성과향상의 방향에 이용할 수 있게 된다. 반대로 조직몰입의 수준이 낮은 개개인들

---

117) Kantor, R., "Commitment and Social Organization", American Sociological Review, Vol. 33. 1968.

118) Lee, S. M., "An Empirical Analysis of Organizational Identification", Academy of Management Journal, Vol. 14, No. 2, 1971, pp.205~207.

119) Scholl, S. W., "Differentiating Organizational Commitment from Expectancy as a Motivative Force", Academy of Management Review, 1981, Vol. 6, pp.589~597.

120) Jamel, M., "Relationship of Job Stress to Job Performance: A Study of Managers and Blue-Color Workers", Human Relations, Vol. 38, No. 5, 1985, pp.410~418.

은 조직에 제한된 충성심만을 보이고 있으며 그에 따라 직무스트레스 상황에 노출되었을 때 이러한 충성심은 더욱 저하되고 조직에 대한 부정적 감정이 심화될 수 있다. 따라서 높은 조직몰입 수준을 가진 개인의 직무수행은 낮은 몰입수준을 가지고 있는 개인의 직무수행 보다도 훨씬 덜 스트레스를 지각하게 된다는 것이다.[121]

　　Jamel은[122] "직무스트레스와 갈등이 직무만족, 조직몰입에 미치는 연구"에서 직무스트레스와 직무만족간의 상관관계가 r=0.56(p〈0.01)의 관계를 밝혔으며 직무스트레스와 직무만족에 대한 A형 행위자의 조직몰입, 정신건강문제와 이직의사에 대하여 캐나다 소재 병원의 간호원 251명을 대상으로 조사한 연구에서는 역할갈등이 조직몰입과 유의적인 負의 상관관계를 맺는 것으로 나타났다. 여기서 A형태의 행위자는 높은 직무스트레스, 높은 역할모호성 및 역할갈등, 자원부족을 느끼고 심리적으로 건강하지 못한 사람들로 규정되어 있다.

　　이와 같이 조직몰입은 조직문제와 관련된 개인과 조직의 상호작용을 분석함에 있어서 개발된 구성개념으로 직무스트레스, 직무만족과 함께 조직구성원 개인이 조직에 대해 갖는 성향을 이해하고 나타내는 개념으로 다루어지고 있다. 그러나 직무스트레스와 조직몰입과의 관련성에 대한 실증적 연구는 아직까지 활발하게 진행되고 있지 못한 실정이며 오직 조직몰입도가 높은 개인은 낮은 사람보다 직무스트레스에 대한 영향을 적게 받을 것이라는 역의 인과관계에 대한 연구가 대다수를 차지하고 있다.[123]

---

121) Jamel, M., "Relationship of Job Stress to Job Performance: A Study of Managers and Blue-Color Workers," Human Relations, Vol. 38, No. 5, 1985, pp.409~424.
122) Jamel, M., "Relation of Job Stress and Type-A Behavior to Employees' Job Satisfaction, Organizational Commitment, Psychosomatic Health Problems and Turnover Motivation", Human Relations, Vol. 43, No. 8, 1990, pp.730~733.

본 연구에서는 조직몰입을 직무스트레스에 따른 하나의 결과변수로 설정하여 그 관련성을 살펴보기로 한다.

1980년대에 들어오면서 직무스트레스에 대한 연구에서 조직몰입을 결과변수로 고려하기 시작했으며, 최근들어 비교적 활발한 연구가 진행되고 있으므로 이 분야의 연구는 아직 많지 않은 실정이다. 또한 기존 연구들을 살펴보면 직무스트레스와 조직몰입간의 관계에 관해서도 相異한 결과를 보이고 있다. 직무스트레스와 조직몰입의 관계는 대략 3가지 관점으로 구분할 수 있다.

첫째는 직무스트레스가 조직몰입에 부정적인 영향을 미친다는 견해로, Parker와 Decotiis의 연구에서 입증된 바 있으며, Reichers는 역할갈등과 조직몰입 사이에는 음(-)의 상관관계가 있는 것으로 주장하였다.

또한 역할과부하와 조직몰입 사이의 관계를 분석한 Stevens, Beyers, Trice 에 의하면 두 변수 사이에 음(-)의 상관이 있음을 발견하였으며,[124] Morris 와 Sherman 은 역할모호성과 조직몰입 사이의 부정적인 상관관계, 그리고 역할갈등과 조직몰입 사이에도 음(-)의 상관관계가 있음을 지적하였다.[125]

둘째, 조직몰입이 직무스트레스 과정에서 조절변수로 작용한다는 견해로써, Jamel은 조직몰입 수준이 높은 사람이 조직몰입도가 낮은 사람

---

123) Jamel, M., "Job Stress and Job Performance Controversies: An Empirical Assessment," Organizational Behavior and Human Performance, Vol. 32, 1984, pp.1~21.

124) Stevens, J., Beyers, J., and H. Trice, "Assessing personal role, and Organizational Predictors of Managerial Commitment", Academy of Management Journal, Vol. 21, 1978, pp.380~396.

125) Morris, J., and J. Sherman, "Generalizability of an Organizational Commitment Model", Academy of Managerial Journal, Vol. 241, 1978, pp.512~526.

에 비해 직무스트레스의 영향을 적게 받는다고 결론을 내렸다.

셋째로 Parasuraman과 Allutto 는[126] 선행연구의 결과와는 달리 직무스트레스가 조직몰입과는 아무런 인과관계를 나타내지 않음을 발견하였다.

그러나 Katz와 Kahn에[127] 의하면 사회조직체는 역할, 규범, 가치로 구성되어 있고, 조직의 사회심리학적 바탕은 조직구성원의 역할행동으로 이루어져 있으며, 개인들은 역할의 기능적 상호의존성에 의해서 더욱 결손되어 있기 때문에 이러한 견해는 조직몰입의 형성에 있어서 역할요인의 중요성을 시사해 주고 있다.

조직몰입은 대체적으로 직무스트레스를 유발하는 요인과 음(-)의 상관관계가 높음을 알 수 있다.

Williams와 Hazer는 "조직몰입과 역할문제와의 관계연구"에서 조직몰입의 선행변수를 크게 인구통계학적 요인, 조직적 요인, 역할관련 요인으로 나누고 인구통계학적 요인에는 연령, 성별, 교육정도를 포함시키고 조직적 요인에는 조직규모, 집권화의 정도를 들고 역할관련 요인에는 역할과부하, 부하의 기술 등을 포함시켰다.[128] 조직몰입에서 이러한 변수들이 사용되는 이유로는 이를 통해서 개인이 조직에 대하여 가지고

---

126) Parasuraman, S., and J. A. Allutto, "Sources and Outcomes of Stress in Organizational Settings: Toward the Development of a Student Model", Academy of Management Journal, Vol. 27, 1984, pp.330~337.
127) Katz, D., and R. L. Kahn, The Social Psychology of Organizations, 2nd Ed., New York : John Wiley and Sons, 1978, pp.584.
128) Williams, L. J., and J. T. Hazer, "Antecedents and Consequences of Satisfaction and Commitment in Turnover Models: A Reanalysis Using Latent Variable Structural Equation Methods", Journal of Applied Psychology, Vol. 71, No. 2, 1986, pp.220.

있는 심리적 상태를 특성별로 파악할 수 있기 때문이다.

직무관련변수 중에는 Hackman과 Oldham의 직무특성요인, 업무과부하, 역할갈등, 역할모호성 등과의 관계가 연구의 주요대상이었다. 직무특성과 관련해서는 과업정체성, 과업중요성, 기능다양성, 과업자율성, 피드백의 정도가 높을수록 조직몰입이 높게 나타나고 있으며, 업무과부하와 직무스트레스는 조직몰입과 負의 관계를 가지고 있음을 대부분의 논문들이 밝히고 있다.(Stevens, 1978: Bateman & Strasser, 1978: Brooke 1988). 관리자들은 일반적으로 非관리자보다 복잡한 일을 하고 자신들의 직무를 보다 깊이 인식하고 몰입하는 경향이 있다.[129] 또 어떤 사람은 스트레스에 적극적인 반응을 하여 동기나 조직몰입이 강화되기도 한다.[130]

3) 개인특성요인의 조절효과

경영조직에서 조절변수는 매우 중요한 역할을 한다. 똑같은 직무스트레스 요인이 주어지더라도 지각하는 스트레스의 정도는 개인차가 크다. 이러한 개인차를 직무스트레스의 조절변수라고 한다. 조절변수는 조절작용을 하는 행동과 특성조건으로서 스트레스의 원천은 사람에 따라서 다양한 반응을 일으키고 그 어느 누구도 스트레스를 같은 방법으로 경험하지 않으며 같은 결과를 경험하지 않는다.

직무스트레스에 있어서 조절변수의 기능을 하는 요인들은 주로 연령 및 교육수준, 욕구와 능력, 성격 등의 개인적인 특성이다. 이러한 개인적 특성들은 직무스트레스를 느끼게 하는 사건에 대한 개인의 지각, 해

---

129) Bass, B. M., "Stodgily's Handbook of Leadership Research", The Free Press, A Devision of Macmillan Publishing Co., Inc., New York, 1981.
130) 허철부, "조직행동론", 형설출판사, 1995, pp.147~148.

석 및 반응에 영향을 미친다.

Schuler는 개인적 욕구와 가치관, 능력과 경험, 성격 등이 스트레스 요인을 기회나 제약으로 지각하고 그것을 처리하는 전략의 선택에 영향을 미친다고 하였다.[131] Steers도 직무스트레스에 영향을 미치는 개인적 조절변인으로써 생활변화의 충격, 성격, 통제위치, 능력과 욕구 등의 요인이 영향을 미친다고 하였다.[132]

Ivancevich 등도 직무스트레스에 영향을 미치는 개인적 조절변인으로써 연령, 성별, 교육수준, 소득수준, A형 행동, 인내, 자존심, 모호성 등을 제시하고 있다.[133]

연구결과 밝혀진 조절변수에는 개인특성 변수와 사회인구학적 변수들이 언급되고 있는데, 본 논문에서는 직무스트레스를 조절하는 사회인구통계학적 특성인 성별과 연령, 재직기간과 개인특성변수인 성취욕구를 살펴보고자 한다.

(1) 성별

최근에는 성차별에 대한 문제가 사회에서 심각하게 인식되고 있는데, 성차별은 개인과 조직에서 중요한 문제로 대두되고 있다.

산업사회가 고도화 될 수록 생계수단 뿐만 아니라 자신의 능력을 발휘하여 자아실현의 기회를 가지고 싶어하는 고학력 여성근로자의 수가 늘어남에 따라, 대부분 남성 위주로 설계되고 정책화되어 있는 오늘날의 직장에서 여성근로자들이 느끼게 되는 직무스트레스는 중요한 문제

---

131) Schuler, R. S., "Definition and Conceptualization of Stress in Organizations", Organizational Behavior and Human Performance, 1980, Vol. 25, pp.19.
132) Steers, R. M., Introduction to Organizational Behvior , Scott Foresman and Co., 1984, pp.510
133) Ivancevich, J. M., and M. T. Matteson, Stress and Work, Scott Foresman & Co., 1980, pp.7.

라 하겠다. 많은 여성들이 하층부 직무와 관련된 곳에서 발생되고 있다고 주장하고 있다. 그것이 직무성과에 부정적인 영향을 주는 원인이 된다고 한다.

Rosen은[134] 직업에 있어서의 성차별에 관해 약 10년 동안의 조사를 통해 여성은 숙련직, 전문직, 관리직보다는 생산조립이나 경리 및 단순사무직종에 더욱 적합하다는 성역할에 대한 고정관념이 사회전반에 걸쳐 광범위하게 존재하고 있다고 하였다. 그는 여성근로자들이 경력개발과 상위관리직에로의 도약을 시도할 때 직면하게 되는 몇 가지 장애요인을 다음과 같이 들고 있다. 이들 장애요인은 여성들에게서 많이 보여지고 있다는 것을 전제로 하면서 ① 배제, ② 차별, ③ 제한된 정책능력, ④ 직무와 가정의 갈등, ⑤ 동료와의 경쟁, ⑥ 불분명한 경력목표, ⑦ 제한된 승진의 기회라고 하였다. 이렇게 볼 때 성차별로 인한 직무스트레스는 크다고 할 수 있다.

성별과 관련된 직무스트레스 연구는 매우 적지만 성별의 차이에 따라서 직무스트레스 양상이 다르게 나타날 것이라는 가정을 하는 것은 어렵지 않다. 예를 들어 남성과 여성은 각각 다른 형태의 스트레스 요인을 지니고 있으며, 스트레스에 다른 반응을 보이며, 스트레스에 대처하는 방법도 다르다.[135] 여성근로자는 남성근로자보다 가정에 대한 책임감을 더욱 많이 가지고 있기 때문에 보다 많은 스트레스요인에 노출되어 있다고 볼 수 있다.[136]

---

134) Rosen, B., "Career Progress of Woman: Getting in and Staying in", In Beehr, T. A., and R. A. Bhagat, (Eds), Human Stress and Cognition in Organizations, John Willy Son 1978, pp.264~266.
135) Jick, T. D., and L. F. Mitz., "Sex Differences in Work Stress", Academy of Management Review, Vol. 10, 1985, pp.408~420.
136) Cleary, P., and D. Mechanic, "Sex Difference in Psychological

여성들이 동일한 입장에 있는 남성들보다 많은 흡연을 한다든지, 여성관리자들이 남성관리자들에 비해서 보다 많은 안정제, 항우울제를 복용하여 수면장애에 시달린다든지, 1960년대-10여년간 여성 알콜중독자가 2배 이상 증가하였다는 보고[137] 등은 여성들의 직무스트레스 현황을 잘 대변해 주고 있다. 직무스트레스를 경험하게 되면 여성은 남성에 비해 감정적인 증상을 나타내는 경향이 강하며, 억압이나 불안증세를 경험하는 비율이 높은 반면에, 스트레스로 인하여 심장병이나 자살 등의 역기능을 초래하는 경향은 남성에 비해 낮은 수준을 나타내고 있다.[138] 따라서 여성은 심리적인 스트레스를 경험하는 비율이 남성에 비해 높음을 알 수 있다.

Ezell 등은 미국 공공인적서비스 조직의 남성 및 여성근로자를 대상으로 실시한 연구에서 대부분의 여성근로자에 대하여 조직구성원들이 相同的 태도를 가지고 있지만, 감독자로서의 여성과 접촉을 가진 연후에는 여성에 의한 감독과 관리자로서의 여성에 대한 인식을 새롭게 가진다고 보고하고 있다.[139]

135명의 여성근로자를 대상으로 시행한 설문조사에서 Davidson 과

Distress Among Married People", Journal of Health and Social Behavior, Vol. 24, 1983, pp.11~12.

137) Davidson, M. J., and C. L. Cooper, "Executive Women under Pressure. Occupational and Life Stress and the Family", International Review of Applied Psychology, 35, 1986, pp.301~326.

138) Jick, T. D., and L. F. Mitz, "Sex Differences in Work Stress", Academy of Management Review, Vol. 10, No. 3, 1985, pp.408~420.

139) Ezell, H. F., and Odewahn, C. A., and J. D. Sherman, "The Effects of Having Been Supervised by a Woman on Perception of Female Managerial Competence", Personal Psychology, Vol. 34, No. 2, 1981, pp.291~299.

Cooper는 상사, 부하, 동료와 동시에 작업을 수행하는 중간관리자의 직무스트레스 수준을 조사한 적이 있다.[140] 연구결과 가장 높은 직무스트레스를 주는 대상으로 상사와의 작업관계였는데 상사의 성별에 따라서 여성근로자가 지각하는 직무스트레스의 수준은 특별한 영향을 받지 않는 것으로 나타났다. 또한 여성근로자들은 스스로 남성보다 많은 직무스트레스를 받고 있다고 지각하고 있었으며 특히 중간관리자들은 상사나 부하보다도 더욱 많은 직무스트레스를 경험하는 것으로 결론이 났다.

한편 많은 여성근로자들은 조직의 테두리에서 남성동료들과 경쟁심을 느끼고 있으며, 그들에 의해 위협받기도 하고 직무스트레스를 받기도 한다. 이러한 계층은 주로 중간 및 하급관리자 그리고 일반사무직에 종사하면서 승진기회를 노리는 여성근로자들로서, 그들은 종종 동료 남성들로부터 대인관계에서 배척당하기도 한다. Chacko는 미국내 55명의 여성근로자를 대상으로 시행한 조사에서,[141] 자신의 性요인 때문에 조직에 선발되었다고 믿고 있는 여성들은 자신의 性요인이 선발과정에서 중요한 요인이 되지 않았다고 믿는 여성들보다 더욱 더 역할갈등, 역할모호성, 조직몰입의 저하, 직무불만족 등을 경험하고 있으며, 특히 중요한 것은 그들의 동료작업자와 불편한 작업관계를 보이고 있다고 主張하였다. 또한 性요인에 관련없이 동료작업자들은 性요인 때문에 선발되었다고 믿고 있는 여성근로자에 대해서, 부정적인 태도와 행동을 보여줌으로써 작업에 어려움을 초래하고 있다고 하였다.

조직내 공식적인 교육훈련 外 업무수행에 필요한 정보를 획득하는

---

140) Davidson, M. J., and C. L. Cooper, "The Extra Pressures on Woman Executives", Personnel Management, Vol. 12, No. 6, 1980, pp.48~51.
141) Chacko, T. L. "Woman and Equal Employment Opportunity: Some Unintended Effects", Journal of Applied Psychology, Vol. 62, No. 1, 1982, pp.119~123.

방법으로 비공식적 훈련기회가 있을 수 있다. 이러한 비공식적 훈련은 작업에 대한 구체적인 절차와 방법 이외에도 동료와 전임자로부터의 助言, 암시, 援助의 형태로 이루어진다. 그러나 조직내 남성근로자들은 이러한 비공식적 정보훈련과 개발을, 의식적으로 여성근로자를 배제한 채 수행하고 있으며, 그에 따라 여성근로자가 업무와 관련된 비공식적인 技術을 습득할 기회가 없어지는 것이다.[142] 이러한 교육이 직무와 연관된다면 스트레스를 지각하게 될 것이다.

성별에 있어서 대부분의 연구가, 여성이 남성에 비하여 조직몰입이 높다는 결과가 나타났는데, 이에 대하여 Grusky는 여성이 조직내에서 성공을 거두기 위해서는 많은 장애를 극복해야 하며 그러기 위해서는 年功이 중요한 역할을 하기 때문이라고 하였다.[143]

(2) 재직기간 및 연령

연령은 직무스트레스에서 중요한 조절변수인데, 그 이유는 잠재적인 스트레서에 관련된 의미나 징후에 강한 영향을 주기 때문이다. 사람의 나이는 신체적으로나 정신적으로 상당한 차이와 변화를 가져와 기본적인 가치관이나 철학적 바탕이 다르기 때문에 직업관에도 차이가 있어서 직무에 대한 태도와 행동이 변화하게 된다는 논리에서, 연령이 직무특성 차원에 대한 지각에 영향을 미치는 요인이라고 할 수 있다. Aldag와 Brief 는 직무특성에 대한 지각반응의 연구에서 연령의 조절적 기능을 연구하였다.[144]

Katz는, 재직기간은 직무특성과 작업자의 반응과의 관계에서 영향을

---

142) Davidson, M. J., and C. L. Cooper, Stress and the Woman Manager, Martin Robertson & Co., 1983, pp.26.

143) Grusky, "Career Mobility and Organizational Commitment", Administrative Science Quarterly, Vol. 10, pp.488~503.

144) Aldag, J. R., and A. p.Brief, "Age and Reaction to Task Characteristics", Industrial Gerontology, 2, 1975, pp.223~229.

미치고 있어 재직기간과 연령과는 일반적으로 깊은 관계가 있으므로
나이는 분명히 조절요인이라고 主張하였다. 그는 경력이 짧은 종업원은
직무내용에 덜 관심을 가지게 되고 직무와 관련된 상황요인에 더 관심
을 갖게 되어 나이가 직무에 대한 지각에 영향을 주고 있음을 알게 되
었다.[145]

연령과 재직기간은 여러 단계가 있어서 단계별로 가치관이나 요구수
준이 다르므로 직무스트레스 정도도 차이가 있을 것이다. 또한 연령과
스트레스는 여러 가지 형태로 연관되어 있다. Selye는 연령을 생활연령
과 생리적 연령으로 구분하고 있다.[146] 생활연령은 출생 이후의 경과기
간을 지칭하며 생리적연령은 신체가 경험한 손상정도에 의해 결정된다.
연령은 그 자체만은 아니며 그 사람이 생활과정에서 겪은 경험이 연령
과 연관되어 있기도 하다.

생활경험의 의미는 경력단계라는 개념에서 찾아볼 수 있다. 경력단계
는 Erikson의 연구에서 등장한 개념으로써 한 개인은 자신의 경력발달
과정에 있어서 여러 단계를 거친다는 것을 假定하고 있다.[147] 또한
Miller, Form은 경력단계를 착수단계, 시도단계, 유지단계로 구분하고
각 단계의 기간은 제각기 다른 연령범위에 해당된다. 각 단계에서 개인
이 충족하고자 하는 욕구가 다르고 추구하는 목표가 다르기 때문에 스
트레스 요인도 각 단계마다 相異하게 나타난다.[148] 따라서 연령은 스트

---

145) Katz, R., "Job Longevity as a Situational Factor in Job
     Satisfaction", Administrative Science Quarterly, 23, 1978,
     pp.204~223.
146) Selye, H., The Stress of Life, 2nd ed, New York,: McGraw-Hill.
     Inc, 1976.
147) Erikson, E., Childhood Society, New York, W. W. Norton and
     Co., Inc. 1950.
148) Matteson, M. T., and J. M. Ivancevich, Controlling Work
     Stress: Effective Human Resource and Management Strat-
     egies, San Francisco, CA: Jossey-Bass, 1987.

레스 결과에 대해 조절역할을 할 것이다.

　인생의 경력단계를 ① 여러 가지 가능성을 모색하는 탐색기(explor-
ation), ② 자신이 어떤 직장과 직무에 적합한지 시험하는 시험기(trial),
③ 특정업무에 자신을 투입하여 개발하는 확립기(establishment), ④ 현
재의 업무에서 성장의 현상유지 또는 퇴보하게 되는 중간경력전환기
(midcareer transition), ⑤ 현직에서 물러나는 은퇴기(exist) 등으로 구
분할 때, 특히 중간경력전환기가 중요하며 그 이전 단계에서의 바람직
한 경력관리를 위한 설계와 준비가 요구된다.[149]

　개인이 은퇴기로 접근하면서 또 다른 형태의 직무스트레스가 형성된
다. 이 시기에는 자신의 지난 경력을 뒤돌아보며 자신이 이제는 아무런
쓸모없는 폐품으로 버려지게 되리라는 절망감에 사로잡힐 수 있다. 덧
붙여 좌천과 해고가 이어지면 자신의 가치에 대한 심각한 회의가 뒤따
르게 되고 나아가서 직무스트레스를 야기시키는 원인으로 작용할 수
있다.[150]

　연령과 조직몰입은 대체로 陽(+)의 관계를 보이는데, 이는 부수적인
투자가 많아졌기 때문이기도 하며, 한편으로는 조직몰입의 정도가 높기
때문에 조직에 남아있다고 해석되기도 한다. 학력과 조직몰입은 대체로
負의 관계를 보인다. Herbniak과 Allutto도 연령과 조직몰입과는 正의
상관관계가 있는 것으로 밝혔는데, 이것은 나이가 들면 대부분 다른 조
직에 대한 개인의 선택범위와 이동가능성이 줄어들기 때문이다.[151]

---

149) Hall, D. T., and M. A. Morgan, "Career Development and
　　　Planning", in Hamner, W. C., and F. L. Schmidt, Conte-
　　　mporary Problems in Personnel, Chicago: St. Clari, Press,
　　　1977, pp.207~208.
150) Kasl, S. V., Gore, S., and S. Cobb, "The Experience of
　　　Lossing a Job: Reported Change of Health, Symptoms and
　　　Illness Behavior", Psychosomatic Medicine, Vol. 37, No. 1975,
　　　pp.106~122.

또한 직무상실과 좌천은 사건 그 자체가 커다란 직무스트레스가 될 수 있다. 이것은 공중낙하자들이 비행기에서 낙하하고 난 이후보다 비행기 내에서 자신의 낙하순서를 기다리고 있는 순간이 더욱 큰 직무스트레스를 경험한다는 사실에 비유될 수 있다.[152]

따라서 개인은 자신의 미래에 대한 정확한 정보를 소유함으로써 두려움과 염려를 다소 줄일 수 있으며 여러 가지의 직무스트레스 반응인, 적대심·우울 등과 같은 현상이 다소 제거될 수 있음을 알아야 할 것이다. 직무와 가족역할에 관련된 성별과 스트레서에 관한 논문과 서적은 많이 있다.[153]

재직기간이 조직몰입과의 관계에 있어서 조절변수로서 역할을 할 것인가를 연구한 학자는 Oliver, DeCotiis, Summers, Fukami, Larson, Luthans, Flynn, Tannenbaum, Parasuraman, Alutto, Fullagar 등이 있는데, 이들은 재직기간을 조직에 대한 서비스 기간으로 보아 그 기간이 길면 길수록 조직구성원이 조직에 대하여 애착을 더욱 많이 가진다고 하였다. 대체적으로 조직에서 근무년수가 길수록 조직몰입도가 높은 것으로 나타났다.[154]

---

151) Herbiniak, L. G., and J. A. Alutto, "Personal and Role-Related Factors in the Development of Organizational Commitment", Administrative Science Quarterly, Vol. 17, 1972, pp.562.

152) Kasl, S. V., and S. Cobb, "Blood Pressure Changes in Men Undergoing Job Loss: A Preliminary Report", Psychosomatic Medicine, Vol. 32, No. 1, 1975, pp.19~38

153) Keita, G. P., and J. J. Hurrell, "Job Stress in a Changing Workforce", In Trocki K. F., and E. M. Orioli, Gender Differences in Stress Symptoms, Stress-Producing Context, and Coping Strategies, American Psychological Association, 1996, pp.7.

154) Harold, L. A., and L. p.James, "An Empirical Assessment of Organizational Commitment and Organizational Effectiven-

신문사 수송부 직원을 대상으로 "조직 및 노동조합의 몰입에 대한 연구 "를 한 Fukami와 Larson은 근속연수와 조직몰입이 서로 상관관계가 있으므로 근속년수가 조직몰입에 영향을 미치고 있다고 하였으며, 파키스탄에 소재한 기업의 구성원들에게 있어서 근속년수가 조직몰입에 어떤 영향을 미칠 것인가에 대한 연구를 한 결과, 근속년수가 조직몰입에 유의한 영향을 미치는 것으로 나타났다.[155] 그 이유는 한 조직에서 오래 근무한 종업원은 시간이 지남에 따라서 그 조직의 분위기나 목표, 이념, 정책 등에 대하여 알 수 있는 기회가 늘어나고 그로 인하여 조직에 대한 애착심이 높아진다는 것이다.

Sheldon 의 연구에서 근속년수는 조직몰입과 正의 관계를 갖는 것으로 나타났다. 근무년수가 길어질수록 조직에 대한 투자는 증가되고 이직에 따른 비용발생으로 移職가능성이 감소하므로 조직몰입이 높아진다고 하였다.[156] 또한 Steers는 조직에서 개인이 느끼는 자신의 중요도는 한 개인이 조직내에서 느끼는 역할의 중요성을 그 조직에서 일반적으로 받아들여지고 있는 것을 의미하며, 자신이 중요하다고 느낄수록 조직몰입이 높아진다고 하였다.[157]

---

ess", Administrative Science Quarterly, March, 1981, Vol. 26, pp.1~14.

155) Arnord, H. J., and D. C. Feldman, "A Multivariate Analysis of the Determinants of Job Turnover", Journal of Applied Psychology, Vol. 67, No. 3, 1982, pp.354.

156) Sheldon, M. E., "Invesment and Involvement as Mechanism Producing Commitment to the Organization", Administrative Science Quarterly, Vol. 16, 1971, pp.145~146.

157) Steers, R. M., "Antecedent and Outcomes of Organizational Commitment", Administrative Science Quarterly, March, Vol. 22, No. 1, 1977, pp.53.

(3) 성취욕구

McClelland는 "성취하는 사회 "에서 경제발전에 중요한 심리적요인을 찾으려고 하였다.[158] 개인의 퍼스낼리티가 인간의 행위를 유발할 수 있는 잠재력을 가진 諸요소들, 즉 성취욕구·권력욕구·친교욕구로 되어 있다고 보았다.[159] 그는 그 요인을 Murray가 제시한 20개 욕구 중에서 성취욕구로 결론지었다. 성취욕구를 중시하여 여러사회의 비교를 통하여 성취동기가 강한 사람들이 경제적 성장 가능성이 크다는 연구결과를 발표하였다.[160] 성취지향성이란 성격특성이 성취동기가 높은 사람은 그들의 기술과 문제해결능력에 도전감을 주는 과업에 관심을 둔다. 어렵기는 하지만 현실적인 목표를 추구하고, 불가능하거나 성공이 확실한 목표설정은 피한다. 그러므로 중간적인 정도의 어려움, 성과에 대한 신속한 피드백, 결과에 대한 통제가 허용되는 직무에서는 성취동기가 높은 사람이 성과도 높다.[161]

McClelland 등은 성취동기에 관한 연구를 기업에 적용하여 높은 성

---

158) 전통적인 경제이론은 생산성, 혹은 GNP와 관련하여 자본축적, 천연자원, 생산구조, 노동력, 분업 및 기술 등을 강조하였다. 그러나 이들 경제요건은 경제발전의 필요조건은 될 수 있으나 충분조건은 되지 못함으로써 일부 경제학자들과 사회학자들은 인간의 심리적·사회적 요인의 중요성을 강조하기 시작하였다. 즉, 경제발전을 경제외적인 요인인 인간적 요인이나 사회문화적 요인으로 설명하려는 시도는 오래 전부터 있어 왔다. 예컨대, 사회학자인 베버와 경제학자인 슘페터의 이론들이 그것이다. 베버는 서구에서 자본주의 경제가 발전할 수 있었던 원인을 기독교적인 청교도정신에서 찾았고, 슘페터는 경제발전과정에서 작용하는 기업가정신에서 구할려고 하였다.

159) McClelland, "Business Drive and National Achievment", Harvard Business Review, Vol. 40, 1962, pp.99~112.

160) McClelland, The Achieving Society, Princeton, New Jersey: Van Nostrand, 1961.

161) Miner, J. B., Thedries of Organizational Behavior, Hinsdale Ⅲ.: Dryden Press, 1980, pp.46~75.

취동기를 지닌 사람이 경영상의 성공이나 훌륭한 업무수행을 보인다는 연구결과를 발표하였다. 특히 최고경영직에서 직무수행과 성취동기 수준사이에 正的 상관이 있다는 결론을 내렸다.

또한 현장 및 실험실에서 이루어진 연구에서, 높은 성취동기를 지닌 사람의 직무수행이 높다는 가설이 지지되었다. 그리고 Hackman, Oldham은 성취동기가 높은 사람은 핵심적인 직무특성에 더욱 긍정적인 반응을 할 것이라고 主張하였으며 이러한 성취동기가 객관적 직무차원과 심리상태의 성과변수간에 조절역할을 한다고 보았다. 이러한 측면에서 본다면 성취동기 변수가 직무스트레스 요인과 증상간, 직무스트레스 증상과 결과요인 간에 조절변수로서의 역할을 수행하는지를 검증해볼 필요가 있다고 본다. 이것은 관광호텔접객종사원에게도 똑같이 검증을 할 수가 있다. 성취동기가 직무스트레스와 결과변수인 이직의사와 조직몰입에 영향을 미친다는 사실이 나타난다면 관광호텔 최고경영자나 중간관리자에게 지침이 될 수 있기 때문이다.

개인의 욕구 및 가치를 이해한다는 것은 그것이 선천적이든 학습된 것이든 간에 개인의 스트레스를 이해하고 예언하는데 매우 중요하다. Sales는 자아존중이 낮을수록 과부하 스트레스를 경험한다는 사실을 입증했다.[162] Rose 등이 1978년, 긴장방출률 이란 개념을 발표하였는데, 이는 하루일과를 끝내면서 직무와 관련된 스트레스를 신속히 해방할 수 있는 사람은 그렇지 못한 사람에 비해 훨씬 더 행복할 것이라는 假定에서 출발한다. 즉 걱정에서 빨리 빠져 나올 수 있는 방법을 학습한다는 것은 매우 유익한 스트레스 통제방법이 된다.

---

162) Sales, S. M., "Some Effect of Role Overload and Role Underload", Organizational Behavior and Human Performance, 5, 1970, pp.592~608.

<그림 2-15> 성취인과 직무의 연결

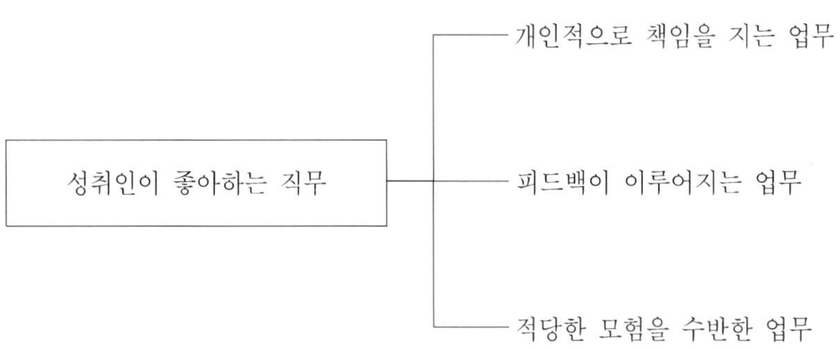

자료: Robbins, S. P., Management, 1994, 4th, pp.470.

　Robbins는 성취인과 직무의 연결을 <그림 2-15>로 표현하였다. 성장욕구는 개인적인 성취, 학습, 성장발전과 같은 개개인의 욕구를 말한다. 직무특성이론에 의하면 성장욕구가 강한 사람은 약한 사람보다 동기부여 잠재력이 높은 직무에 적극적인 반응을 보이는데 두가지 반응이 나타난다. 첫째는 직무핵심특성이 높은 경우에 성장욕구가 강한 사람은 약한 사람보다 더욱 중요한 심리상태를 경험하게 되고 둘째는, 중요심리상태가 존재할 경우 성장욕구가 강한 사람은 약한 사람보다 더 높은 수준의 內的 작업동기부여를 경험하게 된다.[163] 이렇게 볼 때 성장욕구는 직무스트레스와 이직 및 조직몰입에 조절변수로써 영향을 미칠 것으로 본다.

　1950년대 심장연구 학자인 Friedman과 Rosenman은 A형 행동을 발견하였다.[164] 그리고 환자 인터뷰와 관찰을 통하여 Friedman과 Rosenman은 TABP(Type A Behavior Pattern)로 불리는 행동과 특성을 밝혀내

---

163) Hackman, J. R., Oldham G. R., Work Redesign, Addison-Wesley Publishing Company, Inc., 1980. pp.82~88.
164) A형 행동유형은 공격적이고 야심적이며 경쟁심이 강한 동시에 인내심이 부족하고 시간에 쫓기는 업무중심적인 성향의 행위유형이다.

기 시작하였다.[165] TABP 성격의 소유자는 ① 가장 짧은 시간에 가능하면 많은 일을 하려고 습관적으로 덤벼들고 , ② 공격적이고 야심만만하며 경쟁적이며 저돌적이다. ③ 말로 했던 것을 마무리 짓기 위해서 다른 사람을 몰아부친다. ④ 참을성이 없고 기다리지 못하며 기다림 자체를 낭비라고 생각한다. ⑤ 직무수행 중심적이다. ⑥ 사람과 사물과 사건에 언제나 투쟁적이다.

이에 반해 B형 행동의 성격소유자는 덜 서두르고 덜 경쟁적이다.

기대실현은 개인이 조직에 참여한 후에 참여 이전에 가졌던 기대가 어느 정도 실현되었는가를 의미하는 것으로 조직몰입과는 正의 관계가 있는 것으로 나타났다.[166] 조절요인으로서 성취동기가 강한지 약한가에 따라서 직무스트레스 결과에 영향을 줄 것을 고려해 볼 수 있다. 성취동기를 성격유형과 결부지어 볼 때, 성취동기가 강한 사람은 자기 스스로 직무에서 받은 스트레스를 극복하려고 시도한다고 볼 수 있다.

4) 관광호텔종사원 직무스트레스의 사회적 지원

사회적 지원은 다른 사람에 의해 제공되는 감정적인 관심, 수단적 정보로써 스트레스 상황에 노출된 불리한 심리적인 충격을 감소시키거나 완화한다.[167] 또한 Steers는 조직구성원들이 그들의 동료를 신뢰하며 서로의 복지증진에 관심을 가지며 서로 존경하고 진정으로 관심을 가

---

165) Gibson, J. L., Ivancevich, J. M., and J. H. Donnelly, Organization, 7th ed., Irwin. Inc., 1991, pp.235~236.
166) Steers, R. M., "Antecedent and Outcomes of Organizational Commitment", Administrative Science Quarterly, March, Vol. 22, No. 1, 1977, pp.53.
167) Edwards, J. R. A Cybernetic Theory of Stress, Coping, and Well-being in Organization, Academy of Management Journal, Vol. 17. 1992, p 155.

지는 것이 조직구성원들의 사회적 지원이라고 하였다.[168]

직무스트레스 요인에 대한 사회적 지원의 효과는 主효과와 완충효과로 구분할 수 있는데, 主효과는 상사가 부하에게 업무와 관련된 문제를 해결하는데 필요한 정보나 수단을 제공함으로써 도와주는 형태의 사회적 지원을 제공하는 것이다. 그리고 사회적 지원과 직무스트레스의 완충효과는, 개인이 심각한 스트레스를 경험하더라도 강력한 사회적 지원이 있으면 스트레스와 관련된 각종 장애를 유발하지 않는다고 보는 것이다.

또한 사회적 지원은 직무스트레스와 이로 인한 질병을 연계시키는 과정에서 ① 스트레스 반응을 예방 또는 약화시켜 스트레스 반응을 조정하며, ② 사회적 지원수준이 적정하면 생리적 과정에 직접적인 영향을 미쳐 직무스트레스를 감소 혹은 제거시킨다.

이와 같은 사회적 지원은 건전한 행동을 촉진시키거나 스트레스에 대한 지각반응을 약화시킨다.[169] Cobb은 감독자, 동료, 친구 및 업무 관련자로부터의 사회적 지원은 우울, 분노, 불만족과 같은 심리적 직무스트레스 증상을 감소시킬 수 있다는 것을 발견하였다.[170] Larocco 등은 직업적 직무스트레스의 영향을 완화시키는 사회적 지원을 알아보기 위해 23개 직업에 종사하는 남성을 대상으로 연구하였다. 연구결과 사회적 지원요인이 분노나 우울, 위장장애와 같은 결과에 스트레스의 영향을 완화시킬지라도 직무만족에 대해서는 완충효과를 전혀 발견하지 못했다.[171]

---

168) Steers, J. S. Organizational Behavior, Harper Collins Colleage Publishers, 1994. pp.77.

169) S. Cohen, T. A. Wills, Stress social support and buffering hypothesis, Psychological Bulletin, Vol. 98, No. 2, 1985, pp.310~357.

170) S. Cobb, Social Support as a Moderator of Life Stress, Psychosomatic Medicine, No. 38, 1976, pp.300~314.

Barling 등은 40명의 개인을 대상으로 극심한 재해로부터의 스트레스가 직무만족에 미치는 영향을 검사하기 위해 실험적 방법을 사용하였다. 그들은 감독자와 가족의 지원은 극심한 스트레스와 직무만족간의 관계를 조절하지 못하는 것으로 보고하였다.

Barling 등은 지원의 다른 종류가 측정되었다기 보다는 감정적인 지원이 측정되었기 때문에 완충효과를 발견할 수 없었다고 主張하였다.

Cummins는 96명의 경영학과 학생들을 표본으로 하여 사회적 지원은 지원의 내용이 독특하고, 지원을 받고 있는 개인이 내적 통제위치를 가지고 있을 때만 직무만족에 대한 스트레스의 영향을 완충시킨다고 결론을 내렸다.172)

사회적 지원은 대개 건강, 질병 및 생활현상의 모든 측면과 관련되어 있기 때문에 정보와 물질의 상호교환, 막연한 친구의 배려여부 및 사람들의 기본적인 사회욕구의 충족 등에 연구의 초점을 두고 있다. 이러한 맥락에서 사회적 지원은 수직적으로 또는 수평적으로 사람들이 개인이나 집단과의 공식적 비공식적인 접촉을 통하여 정보를 받을 수 있다. 이러한 정보는 관광호텔 종사원들이 서로 사랑받고 존경받고 있는 종사원이라는 것을 인식할 수 있는 수준의 내용이어야 하기 때문에 관광호텔 종사원들은 정보를 상호 공유하면서 서로 책임을 져야 한다.

Brife 등은 사람들이 속해 있는 사회적 네트웍에 대해 친근하고 신뢰할 수 있을 뿐만 아니라, 협동적이고 따뜻한 조직구성원의 태도를 사회적 지원으로 보았다.173)

---

171) J. M. Larocco, J. M. House & J. R. p.French, Social Support Occupational Stress and health, Journal of Health and Social Behavior, No 21, 1980, pp.202~218.
172) R. Cummins, Locus of Control and Social Support: Clarifiers of the Relationship between Job Stress and Job Satisfaction, Journal of Applied Social Psychology, No. 19, 1989, pp.772~788.
173) A. p.Brief, R. S. Schuller & M. V. Sell, Managing Job Str-

이때 작업상의 네트웍은 부하·동료·상사를, 비작업상의 네트웍은 친구·이웃·가족을 의미한다. 한편 사회적 지원을 조직구성원의 신뢰성을 바탕으로 한 상호존경의 정적인 보상으로 보거나, 모든 사람들이 업무상 일어나는 스트레스를 관리할 수 있는 심리적 자원을 증대시키는 수단으로 보기도 한다.

대부분의 사회적 지원에 대한 연구는 상사나 동료에 관한 것이었다. 상사의 지원에 대한 연구는 지원적 행동이나 배려적 행동에서 잘 나타난다. 물론 상사의 지원적인 행동이 부하의 육체적·정신적 스트레스를 감소시키는지의 여부는, 일부 조직행동론자들에 의해서 논란의 대상이 되고 있으나 상사는 부하직원보다 강력한 권한을 가지고 있으므로 이들의 지원은 부하직원에게 중요한 의미가 있다. 동료의 지원 역시 직무스트레스의 압박을 감소시킬 수 있다. 이런 사실은 호오손 실험에서 동료들의 태도나 행동이 생산성이나 사기에 미친 영향으로 미루어 보아도 예측이 가능하다.

그러므로 작업상의 상사 및 동료의 지원이 직무스트레스의 해로운 효과를 완화시키는데 도움이 되는 것으로 여겨진다. 그러나 작업현장 이외의 원천도 함께 고려하여야 사회적 지원의 효과를 효율적으로 규명할 수 있다. 최근에는 배우자, 가족, 친지, 친구 등과 같은 직무와 직접적인 관련이 없는 부분에 대한 연구도 병행되고 있다.174) 일반적으로 사회적 지원의 효과는 가족, 동료 및 상사의 順으로 나타나고 있다. 관광호텔 종사원의 배우자와 가족의 전폭적인 지원이 필요하다고 할 수 있다. 그러한 사회적 지원이 관광호텔 종사원의 직무스트레스를 건전하게 만들 수 있으며 결과적으로 조직몰입을 극대화시키고 이직의도를 최소화시킬 수 있을 것이다.

---

ess, Little Brown and Company, 1981, pp.359.
174) 이성희, 관광호텔종사원의 직무스트레스에 관한 연구, 경기대학교 박사학위논문, 2001, pp.109

제3절 관광호텔 종사원의 직무스트레스
성격과 유형

1. 관광호텔 종사원의 직무스트레스 성격

호텔기업은 인적서비스가 호텔상품의 하나로 간주되고 있다. 호텔은 매일 수많은 고객과 접촉하는 관계로 호텔종사원의 인적 서비스가 매우 중요한 부분을 차지하고 있다.

또한 호텔기업은 다른 업종의 기업보다 고객을 많이 접촉하고 있고, 종사원끼리 협동하면서 불특정 다수의 고객이 만족할 수 있도록 최상의 서비스를 제공해야 하는 임무를 가지고 있다.

관광호텔 종사원의 직무는 항상 대기상태에서 고객을 기다려야 하고 호텔종사원이 제공하는 서비스는 고객의 특성에 따라서 굳어있는 것이 아니고 그때 그때의 조건이나 상황에 따라서 서비스의 質, 형태, 크기 등이 변화해야 하는 특성이 있다. 관광호텔 종사원은 그들의 직무가 고객과의 만남에서 주로 이루어지므로 직무성과 측정이 용이하지 않아서 인사고과에 의한 승진이나 승급이 명확하지 않을 수 있다. 또한 고객과의 접객과정에서 고객의 불순한 언행으로 직무스트레스를 경험할 수 있으며, 한정된 공간에서 직무가 수행되므로 인간관계형성에도 장애를 줄 가능성이 높다.

그러므로 고객과 직접적으로 접촉하면서 근무하는 관광호텔 종사원들은 보다 강한 직업의식이 요구되고 있다. 그들은 다양한 고객의 욕구와 불평, 그리고 시시각각으로 변화하는 상황에 적절하게 대처해야만 하며, 접객서비스의 정확성과 적시성으로 인해 항상 긴장된 상태에서 근무해야 하기 때문에 자신을 잘 통제할 수 있는 명상최면술과 같은 정신훈련법을 익혀두어야 한다.175) 또한 근무시간은 오후부터 야간에 주로 배정되어 있고 공휴일에도 근무하기 때문에 에어로빅이나 여가활동 등으로 육체적·정신적 건강증진에 근무외시간을 효과적으로 이용해야 할 것이다.

관광호텔에서는 상사로부터의 질책과 압박감, 지나친 간섭, 의견수렴에 참여하지 못하는 소외감, 동료 혹은 상사로부터의 경쟁과 갈등, 고객서비스 과정에서 동료 및 상사와의 異見, 과중한 업무, 직업병, 노사간의 반목과 불화로 인한 다양한 직무스트레스를 경험하고 있다. 그러므로 관광호텔조직에서 호텔종사원의 직무스트레스가 잘못 관리되었을 경우 관광호텔 조직의 목표달성을 저해시키고 개인의 건강을 해칠 수도 있다.

이처럼 직무스트레스가 점점 증가되어 가고 오랫동안 지속될 경우에는 관광호텔 종사원 및 관광호텔 조직에 역기능적인 결과를 초래하므로 직무스트레스 관리의 중요성이 한층 부각되고 있다.

관광호텔에서는 호텔종사원들의 士氣 자체가 사업성패에 결정적인 역할을 하기 때문에 관광호텔이 제공하는 서비스의 質을 향상시키고 고객만족을 증대시키기 위해서는 호텔종사원의 역할이 무엇보다도 중요하다.

최근 많은 관광호텔들이 서비스를 제공하는 호텔종사원과 고객의 대면접촉에 커다란 관심을 가지고 있다. 이는 고객과 접촉하는 호텔종사원의 태도와 행위가 서비스에 대한 고객의 지각과 고객의 만족을 유발하는 고객·종사원간의 상호작용의 질에 영향을 미쳐 기업의 경영성과에 절대적인 기여를 하고 있다는 점에서176) 서비스 접점에서의 종사원

---

175) 김재억, 관광호텔종사원의 직무스트레스가 직무성과에 미치는 영향에 관한 연구, 경기대학교대학원, 1994, pp.99.
176) Blau, F. D., and Kahn, L. M., Race and sex differences in quits by Young workers, Industrial and Labor Relations

의 역할에 대해서 많은 연구자들의 관심을 받고 있다.

이러한 서비스 접촉의 중요성 때문에 호텔기업들은 고객과 직접 접촉하는 종사원을 효율적으로 관리하여 높은 서비스 질을 제공할 수 있는 태도와 행동을 강화하려고 하고 있다. 특히 서비스 제공의 상호작용적 특성 때문에 고객과 접촉하려는 종사원의 태도와 행동적 반응은 매우 중요하다.177) 그러므로 관광호텔 종사원의 태도와 행동적 반응은 고객의 서비스 접촉에 대한 지각과 서비스 질의 판단에 상당한 역할을 하고 있음을 알 수 있다.

관광호텔업에서는 서비스의 질을 향상시키고 고객만족을 증대시키기 위하여 호텔종사원의 역할이 무엇보다도 중요하다. 호텔종사원의 직무스트레스는 고객과의 인적 상호작용에 영향을 끼쳐 서비스 품질을 저하시키는 요인이 된다. 따라서 호텔종사원의 직무스트레스를 효과적으로 관리하여 사전에 해결할 수 있다면, 조직몰입도를 높일 수 있고 이직으로 인한 호텔의 비용발생을 줄일 수 있고, 이는 곧 서비스 생산성을 끌어올리는 조직의 유효한 관리행위가 될 것이다.

2. 관광호텔 종사원의 직무스트레스 유형

관광호텔 종사원의 직무스트레스는 호텔에서 직무환경과 관련되어 발생된 스트레스를 의미한다.

Review, 34, 1981, pp.44~47.
177) Gupta, N. and Beehr, T. A. Job Stress and Employee Behaviors, Organizational Behavior and Human Performance, Vol. 23, 1979, pp.177~179.

1) 근무형태

관광호텔 종사원들은 딱딱한 구두를 신고 하루 종일 서서 근무를 하여야 한다. 이에 따라 접객직 종사원들 중에는 허리통증을 호소하는 경우가 발생하기도 한다. 특히 여성종사원의 경우는 발이 붓고, 다리가 굵어지는 등 신체적으로도 많은 무리가 따르고 있다. 이러한 서서 근무함에 따른 육체적 피로감은 직무스트레스의 유형이라고 할 수 있다. 도어맨들은 항상 실외에서 근무하기 때문에 날씨가 너무 춥거나 혹은 너무 더울 때 직무스트레스를 많이 받는다고 하였다.[178] 그리고 도어맨들은 실외근무로 인한 자동차의 매연과 소음도 직무스트레스의 요인이었다.

식음료 부서의 웨이터와 웨이츄레스들은 서서 근무해야 하기 때문에 체력소모가 많은데 따른 직무스트레스를 인식하고 있었다. 또한 프론트 데스크에 근무하고 있는 종사원들은 항상 웃어야 하기 때문에 얼굴에 경련이 일어난다고 하였다.

2) 호텔직무중요성

대부분의 관광호텔 종사원들은 업무의 특성상 일반인들이 쉬는 날이 가장 바쁜 날이므로 호텔종사원들은 일반인들이 쉬는 날에 같이 쉬지를 못하고 일반인들이 쉬지 않는 날을 정하여 돌아가면서 휴일을 갖는 특성을 가지고 있다. 따라서 가족, 친구, 친지들과의 지속적인 만남이 단절되어 친구, 친지들과의 인간관계가 많이 소원해지거나 가족과 함께 할 수 있는 시간이 부족하여 가족간의 대화나 정서적 교류에 많은 지장을 초래하고 있다. 특히 식음료부서에 종사하는 종사원들은 직무특성상 근무시간은 식사시간대를 기준으로 하고 있기 때문에 아침식사시간

---

178) 서울시내 특급호텔을 2003년 5월 1일부터 5월 15일까지 직접 방문하여 호텔종사원들과 호텔직무스트레스에 대한 개별면담을 실시하였다.

에 맞추기 위하여 이른 새벽에 출근하거나 저녁식사시간을 기준으로 밤 10시 이후에 퇴근하므로, 2교대 혹은 3교대로 운영함으로써 생활의 리듬이 불규칙하고 육체적으로 느끼는 피로도가 비접객종사원들보다 높다고 하였다. 프론트 데스크의 종사원들은 고객의 무시하는 매너없는 행동과 무시하는 듯한 행위에 이해서 직무스트레스를 받고 있었다.

3) 호텔직무다양성

역할부하는 제한된 시간 내에 수행할 수 있는 업무의 양과 관련된 양적과다와 개인이 습득한 기능을 사용하거나 잠재적 능력을 개발할 기회를 가지지 못할 때 발생하는 질적과소가 있다.[179] 식음료부서 종사원들은 식사시간대에 모든 업무가 집중되어 있는 업무의 집중화 현상과 관련하여 웨이터, 웨이츄레스들은 양적 역할과다를 느끼고 있으며 벨맨들도 단체고객을 혼자 처리하여야 할 때 직무스트레스를 필요 이상으로 경험한다고 하였다. 또한 프론트 데스크의 접객종사원들은 호텔에서 요구하는 외국어실력에 미치지 못하고 능통하지 못할 경우와 상사의 과다한 지시 때문에 직무스트레스를 느낀다고 하였다.

룸메이드들은 린넨류를 분실하였을 때 직무스트레스를 경험하였다.

4) 대화의 질

의사소통은 상급자와 부하직원간, 동료종사원간, 조직내부와 조직외부 등에서 의사를 소통하고 정보를 전달하는 것을 의미한다. 업무와 관련된 의사소통을 하는 종사원은 비업무와 관련된 의사소통을 하는 종사원보다 직무스트레스를 더 많이 받는다. 관광호텔 종사원과 고객간의

---

179) Steers and Black, J. S. Organizational Behavior, Harper Collins Colleage Publishers, 1994, pp.124.

접점에서의 의사소통이 서비스품질에 지대한 영향을 미치고 부정적인 직무스트레스를 가져오기도 한다. 프론트 데스크의 접객직종사원들은 전화로 예약하는 고객들의 나쁜 언어습관으로 인해 직무스트레스를 느낀다고 하였다.

룸메이드는 객실에서의 분실물에 대한 의심을 받을 때 직무스트레스를 경험하였으며, 이것은 상사의 중재 혹은 고객과의 충분한 대화로서 해결해야 한다.

5) 사회적 평가

호텔 업무에 대한 외부인들의 사회적 인식이나 평가는 호텔종사원의 직업에 대한 지역사회의 평가와 지지의 인식정도로서[180) 지역사회에서 자신의 직업이 존중되는지에 대한 종사원의 인식도라고 할 수 있다.

어느 직업이나 마찬가지지만 관광호텔 종사원들도 그들이 사회적으로 존경받기를 원하고 있다. 대다수의 호텔종사원들은 그들의 직업적 요구에 따라서 그들의 의무를 실행하고 있다. 그러나 관광호텔 종사원들의 직업에 대한 사회의 그릇된 인식과 호칭에 대한 부정적 시각은 많이 줄었지만, 아직도 관광호텔 종사원들에게는 직무스트레스가 되고 있다. 식음료부서의 웨이츄레스들은 고객의 성희롱과 불필요한 스킨쉽 때문에 직무스트레스를 많이 겪고 있으며, 식음료부서의 접객 종사원들은 수준낮은 고객과, 고객의 음식투정 때문에 직무스트레스를 받고 있다.

벨맨도 매너없는 고객으로 인하여 직무스트레스를 경험하고 있다. 룸메이드들은 고객이 객실을 매너없이 사용하는 경우와 고객이 객실에서 곤란하게 하였을 때 직무스트레스를 느낀다고 하였다. 전화교환실의 종

---

180) Drory, A. and Shamir, B. Effects of Organizational and Life Variables on Job Satisfaction and Burnout, Group and Organizational Studies, 13, 1988. pp.172.

사원은 고객이 반말을 할 때 심각한 직무스트레스를 경험한다고 하였다. 또한 고객과의 원활하지 못한 커뮤니케이션도 직무스트레스가 되었다. 프론트 데스크의 종사원들에 예약없이 오는 고객도 직무스트레스인 것으로 조사되었다.

6) 자율성

자율성은 직무수행에 필요한 작업의 일정계획과 작업방법 및 작업절차를 결정하는데 있어서 종사원에게 부여되어 있는 자유 및 재량권 정도를 의미하며, 또한 직무가 관광호텔종사원에게 계획과 의사결정과 직무의 방법결정 등 자율과 독립성을 부여하는 정도를 나타낸다. 식음료부서의 접객직 종사원들은 고객이 부탁한 서비스를 해주지 못할 때, 벨맨은 고객이 원하는 것을 찾아주지 못할 때 직무스트레스가 생긴다고 하였다.

7) 피드백

피드백은 직무가 요구하고 있는 활동의 수행결과에 대하여 종사원이 그 효과성 여부에 대하여 직접적이고 명확한 정보를 얻을 수 있는 정도를 의미하고, 또한 결과의 인식으로서 호텔종사원 스스로 직무노력의 효과 유효성에 대한 정보를 얻는 정도를 의미한다.

벨맨은 고객수하물의 운반시 파손 및 분실에 대한 책임을 직무스트레스로 보고 있으며 주차요원은 고객의 자동차를 조심해서 다루어야 한다는 강박관념으로 직무스트레스를 느끼고 있다. 프론트 데스크의 종사원들은 고객의 기재사항이 충실하지 못하거나 예약을 취소할 때 직무스트레스를 경험한다고 하였다. 또한 고객의 컴플레인과 학생들의 잦은 방문도 직무스트레스를 일으킨다고 하였다.

식음료부서의 웨이터와 웨이츄레스들은 고급집기류 파손에 대한 강박관념으로 직무스트레스를 느끼고 있는바, 이것은 선의의 파손과 고의적인 파손을 구별하여 종사원들에게 질책이나 격려를 하는 상사의 피드백이 요구된다 룸메이드들은 고객의 잘못이 자신의 잘못으로 오해받을 때 직무스트레스를 경험하고 있었다.

제4절 선행연구 동향

1. 직무스트레스에 관한 국내 선행연구

현재 국내 관광호텔종사원의 직무스트레스와 관련된 학위논문으로는 강인호의 "관광호텔 종사원의 직무 및 생활스트레스가 서비스질과 자발적 조직행동에 미치는 영향"과 김광철의 "관광호텔종사원의 직무특성이 직무스트레스에 미치는 효과에 관한 연구", 이성희의 "관광호텔종사원의 직무스트레스에 관한 연구", 김영철의 "식음료 서비스 종사자의 직무스트레스와 이직의도 연구"의 박사학위 논문과 윤정헌의 "호텔 접객직 종사원의 직무스트레스에 관한 연구", 김재억의 "관광호텔 종사원의 직무스트레스가 직무성과에 미치는 영향에 관한 연구"의 석사학위 논문등이 있다.

강인호는 "관광호텔 종사원의 직무 및 생활스트레스가 서비스질과 자발적 조직행동에 미치는 영향"이라는 연구에서 직무스트레스와 서비스질과 자발적 조직행동과의 관계에서 직무스트레스 요인별의 관계를 보면 역할모호, 경력개발, 조직구조, 의사소통 그리고 대인관계 등에서 관계가 보다 강력한 것으로 나타났다고 하였다. 또한 의사소통 요인으로 호텔기업의 특성상 접객서비스 제공시 특히 외국인과의 관계에서 외국어 능력의 부족으로 인한 의사소통의 단절이 직무스트레스 요인으로 작용하는 것으로 호텔기업 경영관리 측면에서 호텔종사원의 외국어 능력을 향상시킬 수 있는 교육의 강화, 해외연수기회의 확대, 산학협동을 통한 방법으로 의사소통으로 인한 직무스트레스를 줄이도록 해야 한다고 하였다. 그리고 직무스트레스 요인을 줄이기 위해서 직장동료간, 상하간, 대고객 관계에 있어서 상호 신뢰감을 구축할 수 있도록 노력해야 하며 또한 상담제도와 같은 제도적 장치를 마련해야 하며 이를 위해서는 전문가의 교육 및 활용으로 호텔종사원들은 프로의식을 가지고 자신 또한 전문가가 되어야 한다고 주장하였다.

김광철은 "관광호텔종사원의 직무특성이 직무스트레스에 미치는 효과에 관한 연구"에서 호텔종사원의 직무는 고객에 대한 다양한 서비스로 서비스품질의 수준을 높이려고 노력하고 있는데 여기에 더 높은 수준의 다양한 서비스를 요구하는 것은 호텔종사원에게 직무스트레스의 인지도를 높이는 것으로 작용하고 있다고 하였으며, 업무에 대한 자율권과 재량권에 관한 내용을 교육을 통하여 호텔종사원이 알도록 하여야 한다고 주장하였다.

이성희는 "관광호텔종사원의 직무스트레스에 관한 연구"에서 호텔종사원들의 직무스트레스 원천을 분석한 결과, 의사결정참여와 인사정책 그리고 조직구조 요인에서 가장 많은 직무스트레스를 받고 있음을 밝혀 내었다. 또한 호텔종사원들은 직무스트레스를 해결하기 위한 대처전략으로 직접적 전략과 내재화 전략을 주로 선택하고 있다고 하였고 직무스트레스의 결과 나타나는 사항으로 가족과 함께 하는 시간의 부족, 가슴이 답답함, 여가활동을 가질 시간이 없음, 업무에 대한 부담, 가슴이 조마조마함 등으로 나타났다고 하였다.

김영철은 "식음료 서비스종사자의 직무스트레스와 이직의도 연구"에서 관광호텔 레스토랑 종사원을 비롯한 식음료 서비스 종사원들은 공휴일 근무, 근무시간대, 근무자세, 업무의 양적과다, 업무내용의 질적과소, 장래성 등이 직무스트레스와 이직의도에 직·간접적인 영향을 미치는 주요 요인으로 작용하며, 직업에 대한 사회적 평가와 서비스 종사자에 대한 사회적 지원은 직무스트레스를 통해서만 이직의도에 간접적인 영향을 미치는 조절요인으로 작용하고 있으며 직무스트레스와 이직의도는 인구통계학적 특성에 따라 다르게 나타난다고 하였다.

윤정헌은 "호텔 접객직 종사원의 직무스트레스에 관한 연구"에서 호텔접객직 종사원들은 접객과정요인에서 가장 높은 직무스트레스를 느끼고 있고, 이러한 직무스트레스가 접객 서비스 제공과정에서 부정적인 영향을 미쳐 서비스의 질을 저하시키고 있음에도 불구하고 호텔기업측에서는 접객종사원들의 직무스트레스 해소에 비교적 무관심한 것으로 밝혀졌다고 하였으며, 또한 접객종사원들도 비생산적인 방법으로 대처하고 있으므로 호텔경영자는 접객종사원들의 직무스트레스 문제에 보다 많은 관심을 기울이고 체계적으로 대응해야 한다고 주장하였다.

김재억은 "관광호텔 종사원의 직무스트레스가 직무성과에 미치는 영향에 관한 연구"에서 우리나라 호텔기업에 있어서 전반적으로 직무스트레스를 발생시키는 요인은 인간관계, 경력개발, 직무특성요인으로 밝혀졌다고 하였다. 그리고 호텔종사원이 받는 사회적 지원정도가 높을수록 직무스트레스 인지도는 낮게 나타나서 조절변수로 작용하고 있다는 것과 효과적인 협조체제나 조직적 차원의 지원이 따라야 한다고 주장하였다.

직무스트레스에 대한 기존의 국내연구들을 요약하면 다음의 〈표 2-4〉와 같다.

〈표 2-4〉 국내의 연구동향

연구자 (연도)	論　題	연　구　내　용
이선규 (1992)	직무스트레스 유발요인 대처전략과 조직구성원의 태도에 관한 실증적 연구	선행 연구모형을 고찰하고, 이 연구모형을 바탕으로 직무스트레스 요인에 대응하는 조직구성원의 대처전략을 파악한 학위논문
강인호 (1993)	관광호텔종사원의 직무 및 생활스트레스가 서비스 질과 자발적 조직행동에 미치는 영향	일상생활에서의 스트레스와 직무스트레스가 조직의 결과에 미치는 영향을 실증적으로 연구하여 조직적 전략개발의 기초를 제공
김재붕 (1994)	종사원들의 직무스트레스에 대한 인지평가가 조직유효성에 미치는 영향에 관한 연구	인지평가와 직무스트레스와의 관계를 이론적으로 체계화시키고, 집단별로 직무스트레스로 인한 개인의 안정 및 조직의 효율성을 떨어뜨리는 원인을 규명
박세홍 (1994)	직무스트레스 요인이 스트레스 과정 및 조직유효성에 미치는 영향에 관한 연구	스트레스 원천, 지각, 반응 결과 및 조절변수에 대한 광범위한 종합연구를 통하여 종합모형을 확인하고 금융기관의 직무스트레스 관리 프로그램을 개발하고자 한 학위논문
박진경 (1994)	스포츠 조직 구성원의 직무스트레스와 조직행동의 관계	학문적, 현장 적용적, 경영관리적, 복지 후생적, 생활체육 진흥의 측면에서 조직구성원의 직무스트레스를 경감시키고 조직행동의 효과를 극대화시켜 근본적으로 생활체육의 활성화에 기여
허원배 (1997)	직무스트레스의 영향과 대처전략에 관한 연구	직무스트레스의 대처기법을 파악하고 이들 대처기법이 조절변수에 따라 어떻게 적용되고 그 유효성은 어떤지를 파악
송병선 (1996)	직무스트레스가 직무만족과 이직성향에 미치는 영향에 관한 연구	근로자의 근로생활의 수준 향상을 통하여 기업의 생산성 향상과 근로의욕 고취, 직무만족과 이직성향에 미치는 영향을 고찰
조현치 (1996)	직무스트레스 조절변수의 효과분석	사회적 지원과 행동유형, 성취동기 변수를 비교하여 성취동기 수준이 직무스트레스를 조절하는 변수로 얼마나 설명력이 있는지를 밝힌 학위논문
이용식 (1997)	체육행정 조직구성원의 직무스트레스가 조직유효성에 미치는 영향	체육행정 조직구성원의 인적특성에 따라 직무스트레스 결과, 직무성과, 직무만족에 차이가 나는지를 규명
임성식 (1997)	직무스트레스 요인과 지방공무원의 직무만족간의 관계에 관한 연구	직무특성, 조직내 역할, 조직풍토, 대인관계, 경력개발요인과 관련이 있다고 보고 직무스트레스를 유발하는 요인과 직무스트레스와의 관계를 연구한 학위논문
이우천 (1997)	병원종사자의 직업성 스트레스에 관한 연구	스트레스 요인, 대처전략, 스트레스 결과에 근거하여 병원종사자의 건강증진과 직업성 스트레스의 관리방안을 제시한 학위논문
이형호 (1998)	지방공무원의 직무스트레스와 조직성과와의 관계에 관한 연구	직무스트레스의 원인들이 조직성과, 직무스트레스에 영향을 미치는지를 파악하고 검증

연구자 (연도)	論　　題	연 구 내 용
이동수 (1998)	직무스트레스 평가를 위한 측정도구 개발 및 표준화 연구	한국인의 직무스트레스 측정도구를 개발, 표준화하고 관련변인들을 파악하고, 직무와 관련된 스트레스를 효과적으로 감소, 개인의 건강을 증진시키는 방법을 제안
김영일 (1998)	직장인의 사회체육활동 몰입과 직무스트레스, 직무만족과의 관계	사회체육활동에 참여하고 직장인의 몰입도가 직무스트레스, 직무만족에 미치는 영향과 몰입도, 직무스트레스, 직무만족 변인간의 인과관계를 분석
정영만 (1999)	직무스트레스 요인이 조직몰입에 미치는 영향에 관한 실증적 연구	직무스트레스 조절변수인 사회적 지원과 A,B형 성격 그리고 성취동기가 직무스트레스를 조절하는 변수로써 얼마나 영향력이 있는지를 밝힌 학위논문
김광철 (2000)	관광호텔종사원의 직무특성이 직무스트레스에 미치는 효과에 관한 연구	직무특성이 직무스트레스에 미치는 효과와 두 변수 간의 관계가 개인특성과 조직특성에 따른 차이와 조직몰입과 이직의사의 관계에 대하여 연구한 학위논문
홍승만 (2000)	직무스트레스와 직무만족간 영향요인의 전략적 활용방안	직무스트레스 요인 중 어느 요인이 직무스트레스에 더 많은 영향을 미치며, 각종 변수들이 조절변인으로 직무만족에 미치는 영향정도와 관리방안을 제시
김동준 (2000)	중등 체육교사의 직무스트레스 요인과 조직유효성과의 관계	중등 체육교사의 개인적특성이 직무스트레스 요인, 응집성, 조직유효성과의 관계를 연구한 학위논문
이성희 (2001)	관광호텔 종사원의 직무 스트레스에 관한 연구	관광호텔 종사원의 직무스트레스 원천, 사회적 지원, 대처전략 직무스트레스의 결과, 조직성과 등의 관계를 파악하여 호텔종사원의 직무스트레스 관리방안을 제시한 학위논문
김영철 (2002)	식음료 서비스종사자의 직무스트레스와 이직의도 연구	관광호텔 식음료종사원들이 작업환경에서 경험하는 직무스트레스와 이직의도에 미치는 영향요인들은 무엇인지와 이들간의 인과관계는 어떠한지를 파악하여 관리자들에게 연구결과에 대한 시사점과 직무스트레스 및 이직의도의 관리방안을 제시한 학위논문

2. 직무스트레스 요인에 관한 국외 선행연구

1) 직무스트레스에 관한 국외연구

H.D.Friedman, R.D.Rosenman 과 V. Carroll 의 연구[181]에서는 회계사의 콜레스테롤 수준은 세금 마감일이 다가옴에 따라 적색수준이고

바쁜 기간 이후에는 정상수준으로 돌아왔다고 보고하고 있다.

심장병 발달에 연관된 생리적인 결과가 측정되고, 의심스러운 직무스트레스의 객관적인 평가가 있었다. 소수의 연속된 연구가 개념적으로, 이론적으로 더욱 발전된 분야로서 방법적인 궤변의 정도를 조화할 수 있다는 것을 관찰한 것은 아이로니컬하다.

Joseph A. Alutto 는 콘도미니엄 종사원 217명을 대상으로 한 연구에서 조직내의 직무스트레스에 관한 통합모델에서 역할갈등이 강력한 직무스트레스 요인으로 나타났으며, 감지된 직무스트레스와 낮은 조직몰입은 자발적인 이직이사에 독립적인 영향을 끼치고 있다고 하였다.[182]

R. George. Troxler는 민간병원 근로자 314명을 대상으로 한 연구에서 조직간 특성과 개인적 특성은 직무스트레스, 직무만족, 이직의사에 영향을 미치며, 개인적 특성과 조직외부특성은 생활스트레스와 콜레스테롤 수치에 영향을 미친다고 하였다. 또한 직무스트레스는 이직성향과 콜레스테롤 증가에 영향을 주고 있다고 주장하였다.[183]

Edward R. Kemery[184]는 미국 동남부 여행사 직원 178명을 대상으로 한 연구에서 직무스트레스 요인인 직무갈등, 역할모호성, 개인의 성

---

181) M.D. Friedman, R.D. Rosenman, & V. Carrol, "Changes in Serum Cholesterol and Blood Clotting Time in Men Subjected to Cyclic Variation of Occupational Stress", Circulation, 17, 1958, pp.852~861.

182) J. A. Allutto, Sources and Outcomes of Stress in Organizational Settings: Toward the Development of a Organization Model, Academy of Management Journal, Vol. 27, 1984, pp.99.

183) R. George. Troxler, The Stress Syndrom, American Journal of Nursing, Vol. 65, 1986, pp.54.

184) Edward R. Kemery , Job Stress : An Unlisted Occupational Hazard, Journal of Occupational Medicine, Vol. 66, 1984, pp.101~103.

격 등이 이직의사와 상관관계가 있고 성격에 따라서 결근율에도 차이가 있으며, 부정적인 성격의 소유자가 높은 결근율을 나타낸다고 하였다.

James G. Anderson 은 간호사 444명을 대상으로 한 연구에서[185] 직무스트레스가 높은 간호사일수록 높은 소진을 나타내며, 일반적으로 간호사들은 그들과 비슷한 훈련과 경험을 소유하고 있는 동료들로부터 사회적 지원을 받고 있다고 하였다. 또한 많은 직무스트레스와 소진, 직무불만족을 느끼는 간호사들 또한 다른 동료들로부터 도움을 얻고 있다고 하였다.

R. S. Bhagot 은[186] 텍사스주의 340명의 관광호텔종사원을 대상으로 한 연구에서 직무스트레스가 매개변수인 문제중심적 대처와 감정중심적 대처에 따라서 부가적인 효과를 가지고 개인적 생활스트레스와 조직스트레스는 正의 상관관계가 있다고 주장하였다.

그리고 직무스트레스는 직무만족과 負의 상관관계가 있으며 개인적 성취는 직무만족과 正의 상관관계가 있다고 하였다.

Carl R. Anderson은[187] 직무스트레스 지각에 대한 대응행동 연구에서 인식된 직무스트레스와 조직만족은 負의 관계이며 위협적인 스트레스를 주는 상황은 실행효과를 적정수준까지 증가시키지만 나중에는 감소를 초래한다고 하였다.

---

185) James G. Anderson, The Effect of Sampling Error on Convergence, Improper Solutions, and Goodness-of-Fit Indices for Maximum Likelihood Confirmatory Factor Analysis, Psychometrika, Vol. 49, 1984, pp.155~163.
186) R. S. Bhagot, Total Life Stress: A Multimethod Validation of the Construct and its Effects on Organizationally Valued Outcomes and Withdrawal Behavior and Human Performance, Journal of Applied Psychology, Vol. 70, 1985. pp.202~214.
187) Carl R. Anderson, Locus of Control, Coping Behavior, and Performance in Stress Setting: A Longitudinal Study, Journal of Applied Psychology, Vol. 62, 1977, pp.446~451.

직무스트레스에 관한 연구 중 역할스트레스, 스칸디나비안연구, 소진, 직업특성연구에 관하여 살펴보겠다.

(1) 역할스트레스(Role Stress)

작업스트레스에 관한 관심은 1960년대에 가속화되었고 미시간 대학의 사회연구기관에서의 연구결과에 의해 영향을 받게 되었다. R. Kahn, D. Wolfe, R. Quinn, J. Snoek와 R.Rosenthal 이 연구한 직무스트레스 연구결과는 주요 독립변수로서 역할갈등, 역할모호성과 역할과부하에 대한 연구로 그 후 20여년간 후학들의 연구에 지대한 영향을 끼쳤다. 사건의 주관적인 평가에 중점을 두고 있는 R. S. Lazarus 의 스트레스 거래모델은 스트레스의 영향력있는 일반이론이 되었다. 직무스트레스를 연구하는데 방법적인 패러다임이 작업환경의 주관적 평가에 대한 객관적 환경요소로부터 주목할만한 비약이 있었다는 것은 더욱 일치하는 것이다. 적어도 200개의 연구에서 역할갈등과 모호성 지각과 정서적 결과 사이의 상관관계를 평가한 것이 보고되었다.

S.E. Jackson과 R. Schuler[188]의 연구에서는 역할스트레스의 자기보고는 종사원의 디스트레스 직무관련 정서적 측정과 0.30의 상관관계가 있다고 지적하고 있다.

(2) 스칸디나비아의 연구(Scandinavian Research)

직무스트레스 연구의 또다른 중요한 흐름은 스칸디나비아인으로부터 유래하는데, 특히 스웨덴 사람들은 1970년대 미국에서 잘 알려지기 시작했다. 그들은 실험실과 현장연구를 조화함으로써 근로자의 복지와 작

---

188) S.E. Jackson & R. Schuler, "A Meta-Analysis and Conceptual Critique of Research on Role Ambiguity and Role Conflict in Work Settings", Organizational Behavior and Human Decision Processes, 36, 1985, pp.16~78.

업환경 연구에 활성화이론 원칙을 응용하였다.[189]

활성화이론의 주장은 성과와 정신효율성과 복지는 생리적 활성화가 중간수준에 있을 때 가장 최고조에 이른다는 것에 근거하고, 그들의 연구는 과소부하 또는 과부하를 불러일으키기 쉬운 작업조건에 촛점을 맞추고 있다. G. Johansson, G. Aronsson과 B.D.Lindstrom이 보고한 스웨덴 제재소 연구는 이러한 전통에 따라 잘 알려진 연구 중 하나이며, 연구경향의 촛점과 방법특성을 나타내고 있다.

피험자들은 직무유형에 따른 위험의 高低영역에 따라서 분류되었고, 직무내용의 숙련도는 근로자의 주관적인 보고로부터 뿐만 아니라 상위 감독자로부터 얻었다. 결과변수는 정서적 반응, 정신적 증상, 신경호르몬 활성화정도이고, 현장과 실험실연구 양쪽에서 관심을 갖고 있는 독립변수는 작업속도, 주의요구, 통제와 다른 작업환경과 비숙련도와 같은 요소로 구성되어 있다. 이 연구프로그램은 작업설계와 그들의 운명을 결정하는데 있어서 근로자의 역할에 관한 공공정책의 형성에 대해서 방향제시를 해왔다.

(3) 消盡(Burnout)

몇몇 다른 추세가 광범위한 스트레스 관련 문헌에서 확인되는 경우가 있다. 이러한 추세중의 하나는 직무소진(Job Burnout)연구의 큰 줄기에 반영되고 있다. 消盡은 개인상호간의 접촉이 높은 수준의 성공적인 작업조건의 만성적인 정서적반응으로 인식된다.[190]

---

189) D. C. Ganster and J. Schaubroeck, "Work Stress and Employee Health", Journal of Management, 1991, vol. 17. No. 2, pp.235~271.

190) D.C. Ganster and J. Sohaubroeck, "Work Stress and Employee Health", Journal of Management, 1991, Vol 17, No 2, pp.235~271.

A. Shirom은 "消盡의 독특한 내용은 개인의 원기왕성한 자원의 고갈"이라고 주장한다.191) 消盡에 관한 관심은 1970년대에 일어나기 시작했는데, 그 당시 처음의 중요관심사는 간호, 사회화 작업, 교육과 같은 직업을 도와주는데 있었다. 그러나 이러한 좁은 범위로부터 그 구조가 군인과 경찰, 경영자, 사서 그리고 생산직을 포함하는 다른 사람과의 상호관계 정도를 포함하는 광범위한 범위로 전이되었다. A. Shirom은 1980년과 1985년 사이에 발행된 300편 이상의 문헌을 논평하고 있다.

(4) 직업특성 연구(Occupation-Specific Studies)

특정 직업에서의 스트레스 특성 원천을 분석하고 발견하는 것을 목적으로 하는 표의적 연구의 확산이 직무스트레스 문헌에서 나타나는 또다른 추세에 주목할 필요가 있다.

최근의 연구는 간호사, 교사, 간병인, 전문적 임상의, 준의료종사원, 소방수, 호스피스, 교정원과 남부아프리카 교육심리학자에 대한 설명이 보고되고 있다.192)

접근방법은 일반적으로 그들이 스트레스를 느끼게 하는 직무의 단면을 기술하게 하는 질문방법으로 구성되어 있다. 비록 연구자들이 스트레스원인을 보고하는 서로 다른 집단의 독특한 속성을 밝히지는 못하여도, 하나의 직업으로부터 스트레스의 본질적인 유사성에 현저한 차이가 있다. 대부분 직업의 명확한 유사성은 이론적 구성이 같은 유사한 질문지를 사용한 스트레스 연구자들의 경향 이상으로는 아무것도 반영하지 못한다.

---

191) A. Shirom, "Burnout in Work Organization", 1989, In C.L. Cooper & I. Robertson, International Review of Industrial and Organizational Psychology, Chichester, England: Wiley: 1989, pp.25~48.
192) D. C. Ganster and J. Schubroeck, op.cit, pp.235~271.

그러나 귀납적 정성적 방법론(Inductive Qualitative Methodology)을 사용한 연구에서조차, 주어진 직업에서 발견된 스트레스 원천의 예견성에 의해서 종종 충격을 받는다.

이와는 반대로, 스트레스 과정에 광범위하게 관여되어 있는 근원적 구조를 반영하는 경우가 있는데, 이는 직무요구-직무결정 수준 모델과 같은 어떤 이론적 관점으로부터 주장되었다.

2) 직무스트레스 요인에 관한 연구

〈표 2-5〉 직무스트레스의 요인에 대한 국외연구 동향

연구자 (년도)	분 류	내 용	비 고
McGra-th (1976)	과업요인	과업난이도, 과업모호성, 과업량	개인 및 환경중시
	역할요인	역할모호성, 역할갈등, 역할과부하	
	행동상황	인원의 과다 혹은 과소	
	물리적상황	혹한, 혹서	
	사회적 상황	대인관계 부조화, 은둔생활	
	개인시스템	불안, 지각	
Beehr & Newm-an (1976)	직무원인과 과업특성	근무스케쥴, 작업속도, 타인에 대한 책임	직무중시
	역할요구 및 기대	역할갈등, 역할과부하	
	조직특성과 환경	조직규모, 인사정책, 커뮤니케이션	
	조직외부의 요구와 환경	노동조합, 공급자, 소비자행동	
Steers (1981)	조직의 영향	역할모호성, 역할갈등, 역할의 저급직종의 차이, 참여결여	직무중시
	개인적 영향	A형성격, 내외통제, 생활변화속도 능력과 요건, 내향성과 외향성	
	사회적 지원	동료, 상사, 배우자 및 기타	
Marsh-all & Cooper (1981)	직무의 고유특성	시간압박, 과도한 작업, 불량한 작업조건과도한 의사결정	관리자 업무중시
	조직역할	역할모호성, 역할갈등, 과도한 책임, 의사결정에서의 제외, 타인 및 직무에 대한 책임 관리적 지원의 결여, 과도한 목표, 조직경계	
	조직내의 관계	상사·동료·부하와의 관계, 책임위양 성격 갈등	

연구자 (년도)	분　　류	내　　　　　　용	비　고
Marsh-all & Cooper (1981)	경력개발	조기승진, 승진의 결여, 직무이동의 결여辭職, 욕망의 좌절	관리자 업무중시
	조직구조와 풍토	행동규약, 협의 및 의사소통의 결여 불확실성, 소속 정체성의 상실	
	조직외부의 장애	충성심 차별, 가족간의 갈등	
	개인특성	성격변화, 무능력, 통찰력 부족	
Schulthz (1982)	과중한 과업	질적과다, 양적과다	직장내 타인의 영향요인 중시
	작업장 환경	새로운 네트웍절차, 경영참여	
	성과의 평가	비교평가	
	역할요인	역할모호성, 역할갈등	
	경력개발	승진기대의 불일치, 조기승진	
	임금체계	공정한 임금, 기본급	
Parker & DeCotiis (1983)	직무 그 자체	자율성, 정체성, 과업의 다양성	직무중시
	조직내의 특성	조직구조, 조직풍토	
	조직내 역할	역할모호성, 역할갈등, 역할과부하	
	대인관계	상사·동료 및 부하와의 관계, 응집력	
	경력개발	승진기회, 성과, 개인개발, 훈련미숙	
	외부조직에 대한 헌신과 책임	조직몰입, 직무몰입	
Quick (1984)	대인관계	동료·상급자·하급자와의 관계	직무중시
	역할관련 요인	역할모호성, 역할갈등	
	물리적 요구	온도, 조명, 진동, 사무실 레이아웃	
	과업요구	직종, 경력개발, 직무과부하, 직무불안정	
Parasura -mam & Alutto (1984)	구조적 변수	근무부서 및 근무교대	직무 및 개인 중시
	역할관련 변수	직무수준, 직무특성, 리더쉽	
	개인변수	성격유형, 인구통계적 특성	
Latack (1984)	역할요인	역할모호성, 역할갈등	대처지각 평가과정 중시
	경력요인	경력이동	
	매개요인	직접행동전략, 인지적 재평가전략, 징후관리	
	조절요인	개인생활 및 이동	
Varies (1984)	조직설계요인	임금체계, 기술, 역할, 압력, 경제활동	조직내의 관점 시
	대인관계요인	리더쉽유형, 집단응집력의 결여, 참여결여 타인에 대한 책임	
	경력요인	직무수준, 중간경력, 辭職, 참여, 성과부진 결과성, 진부성	

연구자 (년도)	분　류	내　　　　　　　　　용	비　고
Schuler (1985)	개인특성	요구와 가치관, 능력과 경험, 성격	개인 및 조직기능 중시
	조직특성	역할성격, 과업특성, 리더쉽, 조직구조 작업 환경, 대인관계	
Luthans (1985)	조직외부요인	사회적·기술적 변화, 가족, 인종, 계층	거시 및 미시적 관점 통합중시
	조직요인	경영정책, 조직구조, 노동조건, 직무수행과정	
	집단요인	집단응집력, 사회적지원, 개인간·개인내· 집단간 갈등	
	개인요인	역할스트레스, 개인적 특성, 생활과 경력변화	
Schermer (1985)	작업요인	과업요구, 역할, 대인관계, 경력발전	조직내 개인작업 기능비조 직적요인 통합
	개인요인	욕구, 능력, 성격	
	비작업요인	가족, 경제적상황, 個人意思	
Gibson (1985)	물리적 요인	광도, 소음, 기온, 공기오염	거시적 미시적 관점통합
	개인적 요인	역할모호성, 역할갈등, 작업과다, 타인에 대 한 책임, 경력발달의 결여, 직무설계	
	집단요인	참여결여, 조직구조, 작업수준, 명백한 정책 의 결여	
	개인차	성별, 나이, 교육수준, 자존심, 성격유형 모호성에 대한 관용	
Hendrix (1986)	조직내 요인	역할모호성, 역할갈등, 역할과다, 초과근무 조직풍토, 의사소통 결여, 집단간 갈등	거시적 미시적 관점통합
	조직외 요인	노동시장, 사회적 후원의 결여, 가족관계	
	개인요인	A형 성격, 통제의 위치, 연령, 성별	
Albrect (1986)	신체적 요인	더위, 혹한, 소음, 불안, 공기오염	개인중시
	사회적 요인	조직내의 상사, 동료, 고객, 위원회	
	정서적 요인	마감기간, 신체적 위해, 과도한 책임 자아위 기	
Matteson (1990)	조직적 차원	역할모호성, 역할갈등, 작업과부하, 통제 비능률적인 사무, 엄격한 정책, 잘못된 피드 백 불공평한 보상, 부적절한 경력기회, 훈련 리더쉽, 존경의 부족	거시적 미시적 통합모형
	조직외적차원	가족관계, 경제적 문제, 법률문제, 연령, 성 별직업, 교육수준과 성격유형, 사회적 지원 내구심, 통제, 욕구수준	

제3장 실증적 연구의 설계

제1절 연구모형의 설계

직무스트레스 요인은 스트레스의 접근방법에 따라서 다르게 지적되고 있다. 스트레스의 諸요인은 개인생활과 조직생활을 통하여 인지되며, 이러한 생활과 환경의 불일치에서 스트레스 반응이 생겨난다. 호텔조직의 외부생활에서 형성된 직무스트레스가 호텔조직내부의 직무수행에 영향을 미칠 수도 있으며, 반대로 직무수행에서 형성된 직무스트레스가 개인생활에 영향을 미칠 수도 있다. 그러므로 호텔조직의 외부적 스트레스요인 또한 직무수행에 지장을 초래하는 직무스트레스 요인으로 비중있게 고려하여야 한다.

스트레스는 개인적인 경험이지만 개인이 속한 집단은 스트레스 요인으로서 다양한 요인을 포함하고 있다. 특정인에게는 영향을 미치지 않을 수도 있지만, 또 다른 사람에게는 스트레스 요인이 될 수도 있다.

본 연구는 직무특성에 따라서 직무스트레스의 요인 및 결과 등이 특징적으로 다르게 나타날 것이라는 가정 하에서 직무스트레스의 이론적 고찰을 기초로 하여 호텔직무다양성, 호텔직무중요성, 자율성, 피드백을 직무스트레스 요인으로 분류하였다.

그리고 개인적 특성의 성취욕구, 성별, 연령, 재직기간을 조절변수로 설정하고 직무스트레스의 결과변수로 이직의사 및 조직몰입을 들어 이들간의 관계를 분석하고, 개인특성에 따라 相異하게 형성될 수 있는 관광호텔 종사원의 조절효과분석을 탐색하고자 한다.

이와 같은 연구목적을 달성하기 위하여 다음과 같은 연구모형과 연구가설을 설정한다.

<그림 3-1> 연구모형

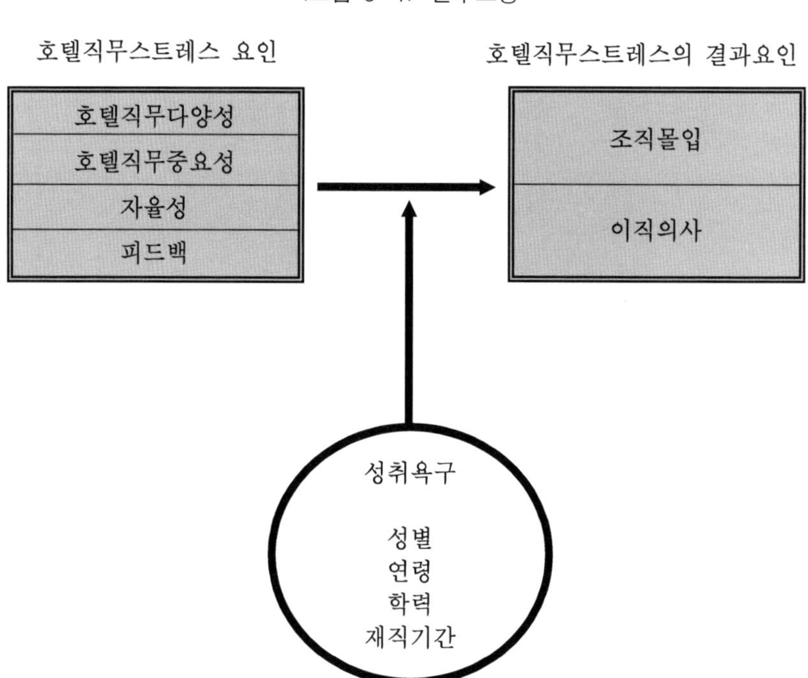

<그림 3-1>의 연구모형은 관광호텔종사원의 직무와 직무환경간의 역동적인 시스템으로 구성되어 있다. 호텔조직의 직무스트레스 요인은 다양하고 광범위한 변수들로 범주화될 수 있지만, 본 연구모형에서는 선행연구와 관련하여 직무스트레스와 특수하게 관련을 맺고 있다고 여겨

지는 직무특성의 4가지 변수를 직무스트레스요인으로 범주화하였다. 즉, 호텔직무다양성·호텔직무중요성·자율성·피드백이다.

본 모형에서는 직무특성이 직무스트레스에 영향을 미치는데, 여기에는 개인적 특성인 성취욕구, 성별, 연령, 재직기간이 잠재적 조절변수로서의 기능을 하는 것으로 본다. 각 개인은 객관적으로 동일한 직무스트레스 요인에 대해서 똑같은 반응을 보이는 것이 아니라 이와 같은 조절변수에 의해서 相異하게 반응할 수 있다는 것이다.

관광호텔종사원이 직무스트레스를 평가하고 지각하였다면 다음 단계는 직무스트레스에 따른 여러 가지 증상이 뒤따르게 된다. 개인적 특성이 직무스트레스 요인에 조절효과의 관련성을 가지고 있으면서, 또한 직무스트레스의 증상과 결과에도 조절효과의 영향을 미치고 있는 변수임을 보여주고 있는데, 호텔조직내의 다양한 직무스트레스 결과 중에서 이직의사와 조직몰입의 두 가지 결과 만을 설정하여 분석하기로 한다.

본 논문에서는 직무스트레스를 호텔조직구성원이 직무수행을 하는 과정에서 직·간접적으로 영향을 미치는 호텔조직의 내·외적 환경에 대한 직무수행 능력의 불일치, 개인적 특성과 직무환경의 불일치로 인하여 발생하는 것으로 규정하기로 한다.

개인의 직무수행능력에 영향을 미치는 직무스트레스의 諸원천요인과 개인의 특성에 따라서 불일치하게 개인에게 지각된 정도를 근거로 직무스트레스를 측정하도록 한다.

제2절 가설의 설정

본 연구의 연구가설로는 앞에서 제시한 연구의 목적 및 이론적 배경·연구모형에 맞게 다음과 같이 연구가설을 설정하고 이를 분석하고자 한다.

가설 1. 인구통계학적 특성에 따라서 호텔직무특성, 호텔직무스트레스, 조직몰입, 이직의사, 성취욕구는 차이가 있을 것이다.

　1-1. 성별에 따라 호텔직무특성, 호텔직무스트레스, 조직몰입, 이직의사, 성취욕구는 차이가 있을 것이다.

　1-2. 연령에 따라 호텔직무특성, 호텔직무스트레스, 조직몰입, 이직의사, 성취욕구는 차이가 있을 것이다.

　1-3. 재직기간에 따라 호텔직무특성, 호텔직무스트레스, 조직몰입, 이직의사, 성취욕구는 차이가 있을 것이다.

　1-4. 학력에 따라 호텔직무특성, 호텔직무스트레스, 조직몰입, 이직의사, 성취욕구는 차이가 있을 것이다.

가설 2. 호텔직무특성에 따라서 직무스트레스에 負(-)[1]의 영향을 미칠 것이다.

직무특성과 스트레스와의 연구 중에서 직무특성의 다섯 가지와 역할갈등과 역할모호성의 일곱변수와 정신적 스트레스 및 육체적 스트레스와의 관계를 연구한 결과, 직무특성 중 직무중요성을 제외한 나머지는

---

1) 직무스트레스의 負란 직무스트레스의 인지도가 약하여 느끼지 못하는 상태를 의미하며, 즉 직무스트레스가 적어지는 것을 의미한다.

정신적 스트레스와 강한 負的 상관관계를 가지며 육체적 스트레스와는 자율성, 피드백, 기능다양성 만이 강한 負的 상관관계를 갖는 것으로 나타났다.(Rousseau, 1978) 또한 직무특성과 역할갈등과 역할모호성은 육체적 스트레스보다 정신적 스트레스와 더욱 높은 상관관계가 있다.

직무상 기술다양성, 정체성, 자율성, 피드백, 과업중요성을 너무 많이 느끼게 되어 지나친 자극을 받는 현상이 되면 종업원들에게 스트레스를 느끼게 할 수 있다. 직무의 요구조건이 익숙할 정도로 설계되었다고 할지라도 종업원의 지나친 직무수행과 과대역할 부여로 인해 스트레스를 느낄 수 있다.(Kahn, Wolfe, Quinn, Snoeck, Rosenthal, 1964)

직무중요성이 증가할수록 정신적 스트레스는 증가하고, 직무자율성이 증가할수록 정신적 스트레스는 감소한다고 하며, 직무결정 자율성이 높고 직무요구성이 낮은 능동적인 직무일수록 스트레스는 감소된다고 하였다.(Karasek, 1979) 특히 지루하게 반복되는 똑같은 과업의 수행에서 오는 단조로움은 자동화 시대에서 가장 위험한 스트레스源이 될 수 있다.(Trist, Bamforth)

가설 3. 호텔직무특성별로 호텔직무스트레스에 미치는 효과는 개인적 특성에 의해서 조절될 것이다.

　　3-1. 호텔직무다양성이 호텔직무스트레스에 미치는 효과는 성취욕구, 성별, 연령, 재직기간에 의해 조절될 것이다.

　　3-2. 호텔직무중요성이 호텔직무스트레스에 미치는 효과는 성취욕구, 성별, 연령, 재직기간에 의해 조절될 것이다.

　　3-3. 자율성이 호텔직무스트레스에 미치는 효과는 성취욕구, 성별, 연령, 재직기간에 의해서 조절될 것이다.

　　3-4. 피드백이 호텔직무스트레스에 미치는 효과는 성취욕구, 성별, 연령, 재직기간에 의해서 조절될 것이다.

개인적 욕구와 가치관, 능력과 경험, 성격 등이 스트레스 요인을 기회나 제약으로 지각하고 그것을 처리하는 전략의 선택에 영향을 미친다고 하였다.(Schuler, 1980)

직무스트레스에 영향을 미치는 개인특성에 따른 변수로서 생활변화의 충격, 성격, 통제위치, 능력과 욕구 등의 요인이 영향을 미친다고 하였다.(Steers, 1984). 직무스트레스에 영향을 미치는 개인특성에 따른 변수로서 연령, 성별, 교육수준, 소득수준, A형 행동, 인내, 자존심, 모호성 등을 제시하고 있다(Ivancevich, Matteson, 1980).

性 차이로 인한 직무스트레스는 크다(Rosen, 1978). 性에 따라 각각 다른 형태의 스트레스 요인을 지니고 있으며, 스트레스에 다른 반응을 보이며, 스트레스에 대처하는 방법도 다르다(Jick, Mitz, 1985). 여성종업원들은 스스로 남성종업원들보다 더욱 많은 직무스트레스를 받고 있다고 지각하고 있다.(Davidson, Cooper, 1980).

경력단계에서 개인이 충족하고자 하는 욕구가 다르고 추구하는 목표가 다르기 때문에 스트레스 요인도 각 단계마다 相異하게 나타난다.(Matteson, Ivancevich, 1987). 연령은 스트레스 결과에 대해 조절역할을 할 것이다. 개인이 정년기에 접근하면서 또 다른 직무스트레스가 형성된다. 좌천과 해고·자신의 가치에 대한 회의는 직무스트레스를 야기시키는 원인으로 작용한다.(Kasl, Gobb, Cobb, 1975).

조직내에서 직무특성이 직무스트레스에 미치는 효과를 지각하는 구성원은 서로 다르게 나타날 수 있다. 이러한 개인적인 차이로 인하여 그들이 느끼는 직무스트레스의 증상은 다르게 형성될 가능성이 있다. 직무자체는 스트레스요인이고 조직구성원이 직무로 인해 스트레스를 경험하면 직무불만족, 직무에 대한 동기부여의 저하, 자신감 상실, 정신적 긴장과 같은 부정적인 반응을 나타내는 것이다. 즉, 직무가 복잡하거나 과업의 요구가 많아도 사람과 환경간의 관계가 적합하면 스트레스

수준이 낮아지지만, 직무가 너무 복잡하거나 단순하면 오히려 스트레스 수준은 높아지게 된다.

가설 4. 호텔직무스트레스에 따라 조직몰입과 이직의사 1에 負(-)의 영향을, 이직의사 2에는 正(+)의 영향을 미칠 것이다.[2]

직무특성과 관련해서는 과업정체성, 과업중요성, 기능다양성, 과업자율성, 피드백의 정도가 높을수록 조직몰입은 正의 관계를, 업무과부하와 직무스트레스는 조직몰입과 負의 관계가 있음을 대부분의 논문들이 밝히고 있다.(Stevens., et al., 1978; Bateman & Strasser, 1978; Brooke., et al., 1988).

직무스트레스 연구에서 조직몰입을 결과변수로 선택한 시기는 대략 1980년 전후이며, 그 이전까지 직무스트레스의 결과변수로 사용된 것은 주로 직무만족, 성과 및 轉職이었다. 그러나 직무만족과 조직몰입이 자발적인 轉職과 관련된 중요한 결과변수임이 밝혀짐에 따라(Steers, 1977) 직무스트레스가 조직몰입에 영향을 미친다는 사실을 밝힌 연구들이 보고되었다.(Beceian, Armnakis, 1981).

직무스트레스가 조직자체에 미치는 부정적인 결과로서 결근율, 조직몰입, 충성도, 낮은 생산성, 소외감 등을 들고 있으며(Gibson, 1980), 스트레스 요인이 조직에 미치는 효과를 결근율, 노사간 불화, 성과저하, 높은 사고율, 직무불만족 등을 들고 있다.(Cox, 1978).

직무스트레스가 조직몰입에 부정적인 영향을 미친다는 견해는 입증된바 있다.(Parker, Decotiis, 1983). 조직몰입은 대체적으로 직무스트레스와 음의 상관관계가 높음을 알 수 있다. 또한 직무스트레스는 역할갈

---

2) 이직의사에서의 正은 이직의사가 있음을 의미하고, 조직몰입에서의 正은 조직에 애착을 가지고 조직에 헌신하려는 상태를 의미하고, 직무스트레스의 正은 직무스트레스가 있다는 상태를 의미한다.

등, 역할과다, 자원부적합도, 이직, 결근, 이직의사와도 부정적인 관계를 보이고 있다(Brief & Aldag, 1987). 직무스트레스가 결근 및 이직의 결과에 영향을 미치고 있음을 밝혀냈다(Gupta & Beehr).

직무와 관련된 이직성향과의 연구에서 스트레스는 직무관련 긴장과 직무만족 뿐만 아니라 이직성향에 직접적인 영향을 미치는 것으로 제안되고 있다.(Bedeian, 1981). 직무다양성과 이직의 경우도 직무다양성이 높을 때 이직가능성이 낮은 것으로 나타났다.(Martin, 1979; Price & Mueller, 1979; Bluedorn, 1980). 다양성이 높은 직무는 여러 가지 다른 기술을 요하기 때문에 직무에 보람을 느끼게 된다.(Turner, Lawrence). 또한 한가지 이상의 핵심적 직무를 해소함으로써 직무와 인간 간의 관계를 증진시키고 직무담당자에게 동기를 부여하게 된다.(Griffin, 1982).

반복적 작업은 생리적·심리적 각성을 유도하지 못하며, 대량생산기술로 종업원에게 심각한 스트레스를 일으킨다고 한다. 기계자동화로 인해서 종업원들의 지식, 기술, 능력 등을 충분히 활용할 수 없게 되면 결근 등의 역기능적 행동을 일으키게 된다.(Trist, Bamforth).

인간이 가지고 있는 업무처리능력이 제한되어 있는데 과제가 복잡해지면 스트레스에 노출되고, 이럴 경우에 동기부여의 저하, 자신감 상실, 직무불만족, 자부심의 저하, 이직, 긴장과 正의 관계에 있고 간접적으로는 대인관계 악화, 작업사고를 증가시킨다(Caplan, Jones, 1975). 스트레스와 이직의도 사이에 높은 긍정적인 상관관계를 밝혔다(Spector, 1988). 역할스트레스와 결과 사이에서 역할 스트레스는 직무와 관련된 긴장, 직무만족, 이직에 직접적인 영향을 준다고 하였다.(Kemery, Bedeian, Hossholder, Touliators, 1985).

직무스트레스와 종업원의 성과 및 이직행동 사이의 관계를 조사한 연구에서 직무스트레스는 종업원의 효율성과 이직행동에 긍정적인 관계가 있음을 밝혔다.(Jamal, 1984).

또한 직무스트레스는 이직과 正의 관계가 있는 것으로 나타났다.(Keller, 1984).

조직몰입의 선행변수로는 직무스트레스, 근속년수, 직위, 연령, 교육정도, 직무에 대한 도전감, 가치관, 성취욕구 등을 들었고 결과변수로는 생산성, 이직, 결근, 근속경향, 직무만족 등을 들었다.(Reichers).

가설 5. 호텔직무스트레스가 조직몰입과 이직의사에 미치는 효과는 개인적 특성에 의해서 조절될 것이다.

    5-1. 호텔직무스트레스가 조직몰입에 미치는 효과는 성취욕구, 성별, 연령, 재직기간에 의해서 조절될 것이다.

    5-2. 호텔직무스트레스가 이직의사 1(근무의도)에 미치는 효과는 성취욕구, 성별, 연령, 재직기간에 의해서 조절될 것이다.

    5-3. 호텔직무스트레스가 이직의사 2(이직의도)에 미치는 효과는 성취욕구, 성별, 연령, 재직기간에 의해서 조절될 것이다.

결근과 이직은 동료작업자의 사기저하 및 결근자의 직무를 메우는데 필요한 임시채용 등으로 인해 추가적인 비용을 부담하여야 하는 점에서 결근과 이직의 생성요소인 직무스트레스 관리의 중요성을 부각시켰다.(Dalton, et al ., 1982).

개인이 조직에 투자를 많이 하면 할수록, 도움을 받으면 그 은혜를 갚아야 한다는 영향이 크면 클수록, 개인이 취할 수 있는 대체안이 적으면 적을수록, 개인의 사회적 주체성을 특정 사회적 역할에 더욱 동일시하면 할수록 조직몰입이 높아진다고 하였다.(Scholl, 1981). 조직몰입도가 높은 개인은 낮은 사람보다 직무스트레스에 대한 영향을 적게 받을 것이라는 역의 인과관계를 밝혔다(Jamel.1984).

연령과 조직몰입은 대체로 양의 관계를 보이는데(Steers, 1977; Welsch & Lavan, 1981; Gilson & Durick, 1977). 이는 부수적인 투자가 그 만큼 많아졌기 때문이며, 한편으로는 조직몰입의 정도가 높기 때문에 조직에 남아 있다고 해석하기도 한다. 연령과 조직몰입은 正의 관계가 있는 것으로 밝혀졌는데, 이는 나이가 들면 대부분 다른 조직에 대한 개인의 선택범위와 이동가능성이 줄어들기 때문이다.(Herbiniak, Alutto, 1972).

재직기간이 조직몰입과의 관계에서 조절변수로서 역할을 할 것인가를 연구한 학자는 Oliver, DeCotiis & Summers, Fukami & Larson, Luthans, Flynn & Tannenbaum, Parasuraman & Alutto, Fullagar., et al. 등이 있는데 이들은 재직기간을 조직에 대한 서비스의 기간으로 보아 그 기간이 길면 길수록 조직구성원의 조직에 대한 애착심이 많다고 하였다. 조직에서 대체로 근무년수가 많을수록 조직몰입도가 높은 것으로 나타났다.[3]

또한 근속년수가 조직몰입에 유의한 영향을 미치는 것으로 나타났다.(Arnord, Feldman, 1982; Sheldon, 1971).

성취욕구를 중시하여 성취동기가 강한 근로자가 성장 가능성이 크다(McClelland, 1961). 중간적인 정도의 어려움, 신속한 성과에 대한 피드백, 결과에 대한 통제가 허용되는 직무에서는 성취동기가 높은 사람이 성과도 높다.(Miner, 1980). 최고경영직에서 직무수행과 성취동기 수준 사이의 정적인 상관관계가 있다.(McClelland, et al., 1958, 1953).

현장 및 실험실에서 이루어진 연구에서 높은 성취동기를 지닌 자의 직무수행이 높다는 가설이 지지되었다.(Cummin, 1967; Hundal, 1971;

---

3) Harold, L. A., and L. p.James, "An Empirical Assessment of Organizational Commitment and Organizational Effectiveness," Adminisrrative Science Quarterly, March, 1981, Vol. 26, pp. 1~14.

Steers, 1973: Weiner & Kukla, 1970).

성취동기가 높은 사람은 핵심적 직무특성에 더욱 긍정적인 반응을 할 것이라고 주장하였으며, 이러한 성취동기가 객관적 직무차원과 심리상태의 성과변수 간에 조절역할을 한다고 본다(Hackman and Oldham, 1976). 기대실현은 개인이 조직에 참여한 후에 참여 이전에 가졌던 기대가 어느 정도 실현되었는가를 의미하는 것으로 조직몰입과는 正의 관계가 있는 것으로 나타났다.(Steers, 1977).

제3절 변수의 조작적 정의 및 설문구성

본 논문에서는 직무스트레스를 관광호텔종사원이 직무수행을 하는 과정에서 직·간접적으로 영향을 미치는 호텔조직의 내·외적 환경에 대한 직무수행 능력의 불일치, 개인적 특성과 직무환경의 불일치로 인하여 발생하는 것으로 규정하기로 한다.

개인의 직무수행능력에 영향을 미치는 직무수트레스의 諸원천요인 중에서 개인의 특성(성취욕구, 성별, 연령, 재직기간)에 따라서 불일치하게 개인에게 지각된 정도를 근거로 직무스트레스를 측정하도록 한다.

본 연구에서 제시한 연구모형과 가설을 검증하기 위하여 변수들에 대한 조작적 정의를 하며, 개념적 혼란방지와 가설검증을 위하여 다음과 같은 조작적 정의를 내린다.

1. 변수의 조작적 정의

1) 호텔직무특성

호텔직무특성은 호텔직무다양성, 호텔직무중요성, 자율성, 피드백의 변수로 구성하였다. 직무특성의 측정은 Hackman and Oldham(1975)의 Job Diagnostic Survey(JDS)에 근거하여 개발한 측정도구에서 활용하였다. 이 JDS는 Hackman and Oldham이 그들의 모형에 있어서 직무특성 및 재설계된 직무의 결과를 측정하기 위하여 구성한 것이다.

각 문항별로 리커트의 5점척도를 이용하여 관광호텔 접객종사원들이 답하도록 하였다.

호텔직무다양성은 다양하고 相異한 기술이나 재능을 활용할 수 있도록 호텔직무가 다양하고 相異한 활동을 요구하는 정도이고, 기능이나 능력으로 도전할 수 있는 호텔직무의 다양화 정도를 의미한다. 설문지 I항 1번부터 8번까지 8개의 문항으로 이루어져 있다.

호텔직무중요성은 직무가 다른 사람의 작업이나 생활에 실질적으로 영향을 미칠 수 있는 정도를 의미하고, 또한 직무가 인간생활에 대하여 실질적이고 지각될 효과의 정도를 의미한다. 설문지 I항 9번부터 11번까지 3개의 문항으로 이루어져 있다.

자율성은 직무수행에 필요한 작업의 일정계획과 작업방법 및 작업절차를 결정하는데 있어서 종사원에게 부여되어 있는 자유 및 재량권 정도를 의미하며, 또한 직무가 관광호텔종사원에게 계획과 의사결정과 직무의 방법결정 등 자율과 독립성을 부여하는 정도를 나타낸다. 설문지 I항 12번부터 16번까지 5개의 문항으로 이루어져 있다.

피드백은 직무가 요구하고 있는 활동의 수행결과에 대하여 작업자가 그 효과성 여부에 대하여 직접적이고 명확한 정보를 얻을 수 있는 정도를 의미하고, 또한 결과의 인식으로서 근로자가 스스로 직무노력의 효과 유효성에 대한 정보를 얻는 정도를 의미한다. 설문지 Ⅰ항 17번부터 20번까지 4개의 문항으로 이루어져 있다.

2) 호텔직무스트레스

직무스트레스 증상의 변수 구성은 개인과 환경과의 상호작용에서 야기되는 개인의 신체적·심리적 균형의 파괴 또는 이로 인한 행동의 불안정증상이라고 할 수 있으며, 개인 및 조직에 미치는 결과를 포함한다. 각 문항별로 리커트의 5점척도를 사용하였다. 설문지 Ⅱ항 1번부터 11번까지 11개의 문항으로 이루어져 있다.

3) 조직몰입

조직몰입은 구성원이 자기가 몸담고 있는 조직에 대해서 애착을 가지고, 계속해서 근무하려는 것과, 조직의 일원이라는데 긍지를 갖고 조직에 큰 의미를 두며 애착을 갖는 것을 의미한다. 또한 조직의 가치와 구성원의 가치가 동일하기 때문에 기꺼이 조직을 위해 헌신하고자 하는 의미이다. 조직몰입의 설문문항은 McGee & Ford(1987)가 사용한 8문항을 사용하였으며, 그들의 연구에서 나타난 문항의 신뢰도 알파계수는 0.88 이었다.

각 문항별로 리커트의 5점척도를 이용하였다.

4) 이직의사

이직의사는 구성원 자신이 속해있는 조직을 떠나 다른 조직으로 옮기고 싶어하는 심리적 태도이다. 이직성향은 실제행동으로 나타난 결과가 아니라 장차 행동으로 나타날 수 있는 경향을 의미하는 것으로 "잔류 또는 이직하고자 하는 태도"로 측정된다.

Bluedorn(1976)은 이직의도로 실제 이직행위를 예측하는 것이 충분히 타당성이 있음을 실증하였으며, Porter, Steers(1973)도 폭 넓은 문헌연구를 통하여 이직의도가 이직행동의 충분한 예측치가 된다는 결론을 내렸다. 이직의사를 측정하기 위하여 잔류하고자 하는 이직의사 1(근무의도) 5문항과 이직의사 2(이직의도) 3문항으로 나누어 각 문항별로 리커트의 5점척도를 사용하였다.

5) 개인특성

본 연구의 개인특성 변수는 성별을 포함하여 10개 문항으로 구성하였다. 성별은 남성과 여성으로 구분하고, 학력은 조직구성원의 최종학력을 의미하고 결혼여부는 기혼과 미혼으로 구분하였고, 자격증 소지는 현재 담당하고 있는 호텔업무와 관련된 자격증을 취득하였는지를 알아본다. 나이는 만 연령을, 근속기간은 현직장의 근속기간을, 직장을 옮긴 횟수와 총근속기간과 월평균 급여액을 질문하였다.

그 외에 조절변수로서의 성취욕구는 개인적 열망 수준이나 성취동기로 이루어져 있다. 성취욕구 측정은 McCleland의 성취동기항목으로 구성하였다.

McCleland, et al,들은 성취동기에 관한 연구를 기업에 적용하여 높은 성취동기를 가진 자가 경영상의 성공이나 훌륭한 직무수행을 보인다는 연구결과를 발표하였는데, 이러한 연구를 통하여 지적한 성취동기의 특성으로 척도를 구성하여, 각 문항별로 리커트의 5점척도를 이용하였다. 설문지 V항 1번부터 9번까지 9개의 문항으로 이루어져 있다.

2. 설문지의 구성

1) 설문지 구성 및 표본의 설정

본 연구는 실증적 조사를 위해서 설문지에 의한 조사방법을 채택하였으며 설문지는 크게 6부분으로 구성하였다. 첫째 부분은 직무특성과 관련하여 직무다양성, 직무중요성, 자율성, 피드백으로 구성하였는데 각각 4~5문항씩 구성하였다.

둘째 부분은 직무스트레스로써 11문항으로 구성하였다. 결과변수로써 조직몰입과 이직의사에 관하여 각각 8문항씩 구성하였다. 조절변수로서 성취욕구는 9문항으로 구성하였다. 개인특성의 10문항을 제외한 설문지 내용은 모두 리커트의 5점 척도를 이용하였다.

본 설문지의 구성은 〈표 3-1〉과 같다.

〈표 3-1〉 설문지의 구성

변	수	문항번호	문항수
Ⅰ 직무특성	호텔직무다양성	1~8	8
	호텔직무중요성	9~11	3
	자율성	12~16	5
	피드백	17~20	4
Ⅱ 스트레스	호텔직무스트레스	1~11	11
Ⅲ 몰입	조직몰입	1~8	8
Ⅳ 잔류의사	이직의사 1(근무의도)	1~5	5
	이직의사 2(이직의도)	6~8	3
Ⅴ 욕구	성취욕구	1~9	9
Ⅵ.개인특성	성별, 학력, 결혼여부, 자격증, 직위 나이, 재직기간, 轉職횟수, 총근속-기간, 월평균급여	1~10	10
합 계			66

본 연구에서 표본의 설정은, 관광호텔 종사원의 직무스트레스와 조직
몰입 및 이직의사를 연구하기 위해서는 모집단이 우리나라 전체 관광
호텔 종사원이 전제가 되어야 하나, 본 연구에서의 조사대상자 선정은
서울시내 특급호텔의 종사원을 대상으로 하였다. 표본추출방법은 임의
표본추출[4]을 사용하였다.

〈표 3-2〉 인구통계학적 특성

속 성	변 수	빈 도(명)	비 율(%)
성 별	남 성	240	59.1
	여 성	166	40.9
학 력	고졸 이하	44	10.8
	전문대졸	189	46.6
	대졸 이상	163	40.1
결 혼 여 부	기 혼	155	38.2
	미 혼	235	57.9
호텔업무와 관련된 자격증	있 다	172	42.4
	없 다	200	49.3
직 위	사 원	253	62.3
	주임 · 계장 · 대리	121	29.8
	과장 · 차장	23	5.6
	부장 이상	6	1.4
나 이	19세~25세	110	27.1
	26세~30세	117	28.8
	31세~35세	89	21.9
	36세~40세	46	11.3
	41세 이상	44	10.8

---

4) 모집단의 구성요소들간의 차이가 별로 없다고 판단될 때, 표본선정의 편
 리성에 기준을 두고 조사자가 마음대로 표본을 선정하는 방법

속 성	변 수	빈 도(명)	비 율(%)
현호텔 근속기간	1년~3년	170	41.8
	4년~6년	71	17.5
	7년~10년	75	18.4
	11년~15년	46	11.3
	16년~20년	24	5.9
	21년 이상	8	1.9
직장을 옮긴 횟수	옮긴적이 없다	242	59.6
	1번	56	13.8
	2번	55	13.6
	3번	30	7.4
	4번 이상	11	2.7
호텔의 총 근속기간	1년~4년	163	40.2
	5년~10년	123	30.3
	11년~15년	50	12.3
	16년~20년	28	6.9
	21년 이상	12	2.9
월평균 급여액	100만원 이하	40	9.9
	101만원~150만원	114	28.1
	151만원~200만원	103	25.3
	201만원~300만원	74	18.2
	301만원 이상	20	4.9

조사대상자의 성별 분포는 남자가 240 명, 여자가 166 명이고, 자격증은 조사대상자의 약 42.4%가 취득하고 있으며, 직위는 사원이 62.3%를 차지하였고 교육수준은 전문대졸 이상이 352 명으로 약 86.7%를 차지하였다. 조사대상자의 인구통계학적 특성은 〈표 3-2〉과 같다.

〈표 3-3〉 서울시내 특급관광호텔 현황

번호	등급	호　텔　名	주　소	객실수
1	특1급	호텔 롯데 (HOTEL LOTTE)	중구 소공동	1,486
2	〃	호텔 롯데월드 (HOTEL LOTTE WORLD)	송파구 잠실동	500
3	〃	호텔 신라 (HOTEL SHILLA)	중구 장충동	515
4	〃	그랜드 인터콘티넨탈 호텔 (GRAND HOTEL INTE-R-CONTINENTAL SEOUL)	강남구 삼성동	535
5	〃	그랜드 하이얏트 호텔 (GRAND HYATT SEOUL)	용산구 한남동	602
6	〃	래디슨 플라자 호텔 (RADISSON SEOUL PLAZA HOTEL)	중구 태평로 2가	480
7	〃	르네상스 호텔 (SEOUL RENAISSANCE HOTEL)	강남구 역삼동	498
8	〃	힐튼 호텔 (SEOUL HILTON HOTEL)	중구 남대문로 5가	683
9	〃	쉐라톤 워커힐 호텔 (SHERATON WALKER HILL HOTEL & TOWERS)	광진구 광장동	635
10	〃	그랜드 힐튼호텔 (GRAND HILTON HOTEL SEOUL)	서대문구 홍은동	507
11	〃	웨스턴 조선호텔 (THE WESTIN CHOSUN SEOUL)	중구 소공동	453
12	〃	JW 매리어트 호텔 (JW MARRIOTT SEOUL)	서초구 반포동	497
13	〃	코엑스 인터콘티넨탈 (COEX INTER-CONTINENTAL SEOUL)	강남구 삼성동	654
14	〃	리츠칼튼 호텔 (THE RITZ-CARLTON SEOUL)	강남구 역삼동	410
15	〃	호텔 아미가 (HOTEL AMIGA)	강남구 논현동	200
16	〃	메이필드 호텔 (May Field Hotel)	강서구 외발산동	202
17	특2급	리베라 호텔 (HOTEL RIVIERA SEOUL)	강남구 청담동	163
18	〃	타워호텔 (TOWER HOTEL)	중구 장충동	218
19	〃	노보텔 앰버서더 강남 (NOVOTEL AMBASSADOR KANGNAM)	강남구 역삼동	336
20	〃	노보텔 앰버서더 독산 (NOVOTEL AMBASSADOR TOKSAN)	금천구 독산동	229
21	〃	로얄호텔 (SEOUL ROYAL HOTEL)	중구 명동	305
22	〃	팔래스 호텔 (SEOUL PALACE HOTEL)	서초구 반포동	283
23	〃	세종호텔 (KING SEJONG HOTEL)	중구 충무로 2가	235
24	〃	포포인츠 호텔 (FOUR POINTS HOTEL SEOUL)	종로구 평창동	270
25	〃	코리아나 호텔 (KOREANA HOTEL)	중구 태평로 1가	330
26	〃	프레지던트 호텔 (HOTEL PRESIDENT)	중구 을지로 1가	303
27	〃	뉴월드호텔 (HOTEL NEW WORLD)	강남구 삼성동	222
28	〃	소피텔 앰버서더 (HOTEL SOFITEL AMBASSADOR)	중구 장충동	432
29	〃	엘루이 호텔 (HOTEL ELLE LUI)	강남구 청담동	124
30	〃	캐피탈 호텔 (HOTEL CAPITAL)	용산구 이태원동	287
31	〃	홀리데이 인 (HOLIDAY INN SEOUL)	마포구 도화동	362
32	〃	서울 교육문화회관 (SEOUL KYO YUK MUN HWA HYE KWAN)	서초구 양재동	237
33	〃	뉴맨하탄 호텔 (HOTEL NEW MANHATTAN)	영등포구 여의도동	182

2) 설문지 배포 및 회수

본 연구의 연구대상 호텔은 서울시내 특급관광호텔로 〈표 3-3〉과 같다. 설문지는 704부를 작성하여 2003년 6월 3일 부터 2003년 8월 4일 까지 2개월에 걸쳐서 직접방문 또는 우편으로 설문지를 배포하고 회수하였다. 704부를 배포하였으나, 이중 477부가 회수되어 회수율은 68.1%이며 응답이 불충분하거나 불성실한[5] 71부를 제외한 406부를 자료분석에 활용하였다. 설문지 배포 및 회수내용은 다음의 〈표 3-4〉와 같다.

〈표 3-4〉 설문지 배포 및 회수내용

대상호텔수	총 배포수	회수(율)	폐기수	사용된 수
32	704	477(68%)	71	406

구체적인 설문지 배포 및 회수현황은 〈표 3-5〉와 같다.

〈표 3-5〉 설문지 배포 및 회수현황

호 텔 名	등급	배포량	회수량	사용 가능수	사용 불능수	회수율 (%)	비고
H · L	특1급	22	17	15	2	77.2	
H · L · W	〃	22	14	10	4	63.6	
H · S	〃	22	16	14	2	72.7	회수율 68%
G · H · I · C · S	〃	22	18	16	2	81.8	
G · H · S	〃	22	16	10	6	72.7	
R · S · P · H	〃	22	17	16	1	77.2	
S · R · H	〃	22	15	12	3	68.2	
S · H · H	〃	22	14	10	4	63.6	

---

5) 예를 들면 '보통이다'에만 계속적으로 답을 한 경우

호 텔 名	등급	배포량	회수량	사용 가능수	사용 불능수	회수율 (%)	비고
S·W·H·H	〃	22	12	11	1	54.5	
S·G·H·S	〃	22	19	16	3	86.4	
T·W·C·S	〃	22	17	15	2	77.2	
J·M·S	〃	22	18	14	4	81.8	
C·I·C·S	〃	22	15	13	2	68.2	
T·R·C·S	〃	22	14	11	3	63.6	
H·A	〃	22	13	12	1	59.1	
H·R·S	특2급	22	13	12	1	59.1	
T·H	〃	22	12	12	0	54.5	
N·A·K	〃	22	18	16	2	81.8	
N·A·T	〃	22	16	14	2	72.7	
S·R·H	〃	22	16	13	3	72.7	
S·P·H	〃	22	15	13	2	68.2	
O·H·S	〃	22	14	12	2	63.6	
K·H	〃	22	13	11	2	59.1	회수율 68%
H·P	〃	22	17	16	1	77.2	
H·S·A	〃	22	18	13	5	81.8	
H·E	〃	22	12	11	1	54.5	
H·C	〃	22	11	10	1	50.0	
H·I·S	〃	22	11	9	2	50.0	
S·K·H	〃	22	10	8	2	45.5	
H·N·M	〃	22	14	12	2	63.6	
K·S·H	〃	22	16	15	1	72.7	
H·N·W	〃	22	16	14	2	72.7	
계		704	477	406	71	67.8	

제4절 변수의 분석 및 자료분석

구체적으로 연구목적을 달성하고 주관적 인지척도로 측정된 각 변수에 대하여 타당성과 신뢰도를 높이기 위하여 타당성검증과 신뢰도검증을 하였다.

본 연구에서 수집된 자료는 Nunnally(1978)가 제시한 측정타당화(measure validation)과정을 바탕으로 측정도구의 신뢰성과 타당성을 검증하였다. 측정도구의 신뢰성과 타당성을 확보하기 위해서는 우선 정화절차를 거치는데 본 분석에서는 생략을 하였으며 바로 타당성 검증 및 신뢰도 검증을 실시하였다.

1. 타당성 검증

타당성이란 최대한 相異한 방법을 이용하여 동일한 속성을 두 시도 간의 결과의 일치정도로 조사자가 측정하고자 하는 개념을 얼마나 정확하게 측정하였나하는 문제이다. 가장 일반적인 타당성에 관한 정의는 측정하고자 하는 것을 실제로 측정하고 있는가를 나타내는 개념으로 내용타당성, 개념 타당성, 구성타당성 등이 있다.

본 연구에서는 구성타당성을 검증하고자 하며 구성타당성(construct validity)을 확보하기 위해 통계적 절차 중에 하나인 요인분석(Factor analysis)을 실시하였다. 요인분석(Factor analysis)에서 공통요인의 수의 결정은 정보의 손실을 최대한 줄이면서 많은 수의 변수들을 가능한 한 적은 수의 공통요인으로 줄이는데 목적이 있는 주성분방법(principal component method)을 이용하였다. 또한 요인들의 상호독립성을 유지하면서 요인들의 의미 있는 해석을 쉽게 할 수 있도록 직교회전 (Orthogonal rotation)방법을 실시하였으며 요인간 서로 직각이 되도록 회전시키는 Varimax 방법을 이용하여 분석하였다. 최종적인 문항의 선택은 요인적재량이 0.4 이상인 경우를 기준으로 하였다.

요인분석을 위한 기초적인 검정으로 상관행렬의 적합성을 검정하는 반영상관행렬(Anti-image Correlation Coefficient)을 살펴본 결과 좋은 결과를 도출하였으며, 반영상관행렬의 대각행렬인 MSA값들도 0.84로서 1에 근접한 값을 보이는 것으로 보아 개별 표본수의 적합성 결과 타당한 결과가 도출되었다.

또한 KMO(Kaiser-Meyer-Olkin)값도 1에 근접하는 값을 보이므로 타당한 결과가 도출되었다고 판단된다. Barttlet의 구형성 검정(Sphericity Test)결과 "상관행렬이 0이다"라는 귀무가설을 기각하므로 이 또한 변수들간에 좋은 상관을 보이는 것으로 판단한다.

직교회전을 통해 구성타당성 검증을 위한 회전된 요인적재행렬표 (rotate factor loading matrix)는 다음과 같다. 직무특성에 대한 요인분석 결과 고유값(Eigen value)이 1 이상인 최종 4개의 공통요인(common factor)이 추출되었으며, 4개의 공통요인에 의해 설명되는 설명력은 전체분산의 58.5%이다. 요인분석 결과 추출된 직무특성에 대한 4개의 공통요인은 각각 직무다양성, 직무중요성, 그리고 자율성 및 피드백으로 명명하였다.

〈표 3-6〉 호텔직무특성에 대한 요인분석 결과

구분	설문문항	자율성	호텔직무 중요성	피드백	호텔직무 다양성	Comm unality	Cronba ch′s α
호텔직무특성	직무특성12	0.73038				0.5731	
	직무특성13	0.78316				0.6598	
	직무특성14	0.77845				0.6418	
	직무특성15	0.58867				0.3762	
	직무특성16	0.66184				0.4485	
	직무특성4		0.70724			0.5293	
	직무특성5		0.77316			0.6218	
	직무특성9		0.75018			0.6041	
	직무특성10		0.76217			0.6711	
	직무특성11		0.61655			0.4830	
	직무특성17			0.65826		0.5470	
	직무특성18			0.77488		0.6540	
	직무특성19			0.79880		0.6684	
	직무특성20			0.77865		0.6138	
	직무특성7				0.68709	0.5713	
	직무특성8				0.78657	0.6931	
Eigen value		4.5912	1.9345	1.7580	1.0731		
분산(%)		28.70	12.09	10.99	6.71		
누적분산(%)		28.70	40.79	51.77	58.48		

이러한 기준을 가지고 직무특성차원에 대한 인지도를 측정하기 위하여 선행연구에서 검증된 설문을 바탕으로 직무특성에서 직무다양성, 직무중요성, 피드백, 자율성을 제시하였다. 설문한 결과를 바탕으로 각 직무특성변수에 대한 타당성을 검증하기 위하여 일차적으로 직각교차법에 의한 요인분석 결과를 바탕으로 요인적재치가 낮은 문항을 제외시키고 나머지 문항들에 대하여 이차적으로 요인분석한 결과의 각 문항별 요인적재치는 〈표 3-6〉과 같다.

2. 신뢰도 검증

본 분석에서 신뢰도 검증이란 측정문항에서 어느 정도 일관성 있게 동일한 결과를 가져올 것인가를 가리킨다. 즉, 어떤 평가요인을 동일한 현상에 반복 적용하여 동일한 결과를 얻게 되는 정도를 그 평가요인의 신뢰성이라 하는데 본 연구에서는 측정한 변수들의 신뢰성 검증을 위해 내적 일관성(Internal Consistency)을 측정하는 방법인 크론바하의 알파검정(Cronbach's α test)을 실시하였다.

크론바하의 알파계수(Cronbach's α)는 신뢰성 분석의 개념인 내적 일치도에 관한 것으로 하나의 개념에 대하여 여러 개의 항목으로 구성된 척도를 이용한 경우에 해당 문항을 가지로 할 수 있는 가능한 모든 반분신뢰성(Split-half Reliability)을 구하고 이의 평균치를 산출 한 것이다. 크론바하의 알파계수(Cronbach's α)값은 0과 1 사이의 값을 가지며 탐색적 분석인 경우 0.6이상이면 신뢰도가 양호하다고 평가하며 통상적인 경우 0.7이상이면 신뢰도가 양호하며 0.8~0.9 이상이면 우수하다고 평가한다.

본 자료의 독립변수로 작용할 직무특성과 종속변수인 직무스트레스, 그리고 결과변수인 조직몰입과 이직의사에 대한 크론바하의 알파계수(Cronbach's α)값은 다음과 같다. 본 분석에서 직무특성에 대한 크론바하의 알파계수는 요인분석을 통하여 타당성이 입증된 문항만을 이용하였으며 종속변수와 결과변수 및 조절변수는 요인분석(factor analysis)과 더불어 크론바하의 알파검정(Cronbach's α test)을 통하여 최종적으로 분석에 사용될 문항들이다.

아래 표에서 나타난 바와 같이 직무특성에 대한 공통요인들의 크론바하의 알파값은 대체로 양호하거나 좋은 결과를 얻었으며 마지막의 직무다양성은 설문문항수가 작아 대체로 낮은 값을 보인 것으로 판단

된다. 또한 종속변수인 직무스트레스 및 결과변수인 조직몰입과 이직의
사에 대한 크론바하의 알파값은 좋은 결과를 보이므로 이들 문항은 전
반적으로 신뢰성이 있는 것으로 판단된다.

〈표 3-7〉 변수의 신뢰도검증 결과

구분	요인	설문문항	문항수	Cronbach's α
호텔직무 특성 (독립변수)	자율성	A12 A13 A14 A15 A16	5	0.787
	호텔직무중요성	A4 A5 A9 A10 A11	5	0.810
	피드백	A17 A18 A19 A20	4	0.787
	호텔직무다양성	A7 A8	2	0.610
종속변수	호텔직무스트레스	B1 B3 B5 B6 B7 B9 B10	7	0.682
결과변수	조직몰입	C1 C2 C3 C4 C5	5	0.872
	이직의사 1	D1 D2 D3 D4	4	0.935
	이직의사 2	D6 D7 D8	3	0.863
조절변수	성취욕구	E1 E2 E3 E4 E5 E6	6	0.811

직무특성의 신뢰도 계수는 직무중요성이 0.810으로 높게 나타났으며,
자율성과 피드백은 0.787로 나타났으며 직무다양성 변수도 비교적 높은
관계로 나타났다. 직무스트레스는 0.682로 나타났으며, 조직몰입은 0.872
로 이직의사 1은 0.935로써 매우 높은 관계로 나타났고, 성취욕구도
0.811로 높게 나타났다. 이상의 결과를 바탕으로 측정변수들은 높은 내
적 일관성을 가지고 있는 것으로 본다.

3. 자료의 분석

본 연구의 실증분석방법은 문항의 타당성 및 검증을 위하여 직각교
차법(Varimax)에 의한 요인분석(Factor Analysis)을 하였고, 설문지의

일관성을 나타내는 신뢰도 검증을 위하여 Cronbach-α 값을 사용하였다. 가설검증을 위하여 차이분석, 회귀분석, 상관관계분석 및 Cohen & Cohen(1983)을 이용한 조절회귀분석을 하였다.

본 연구의 가설 3과 가설 5는 직무특성과 직무스트레스, 직무스트레스와 조직몰입·이직의사의 관계에서 개인적 특성인 성별, 성취욕구, 재직기간 및 연령의 조절역할 검증을 목적으로 한다. 일반적으로 조절변수는 종속변수의 수준을 결정하는데 있어서 독립변수와의 상호작용을 시험하기 위하여 이용되는데, 여기에서 상호작용이란 제 3의 변수로 인한 두 변수간 관계의 형태와 정도의 차이를 말하는 것이다.

조절효과에 대한 가설을 적절히 측정하고 검증하기 위한 구체적인 절차를 검토한다. 이러한 틀 내에서 조절이 의미하는 바는 독립변수와 종속변수간의 인과관계가 조절변인의 수준에 따라서 차이가 있다는 것이다. 통계적 분석은 조절변수에 따른 독립변수의 종속변수에 대한 차별적효과를 측정하고 검증하는 것이다. 차별적 효과를 측정하고 검증하는 방법은 부분적으로 독립변수와 조절변수의 측정수준에 따라서 4가지 방법으로 분류될 수 있다.

첫째로 조절변수와 독립변수 모두 범주적 자료인 경우, 둘째로는 조절변수는 범주적 자료이고 독립변수는 연속적 자료인 경우, 셋째로 조절변수는 연속적 자료이고 독립변수는 범주적 자료인 경우, 넷째로 조절변수와 독립변수 모두 연속적 자료인 경우이다.

이 중 첫 번째는 이원분산분석의 상호작용효과를 이용한다. 즉, 독립변수와 조절변수의 상호작용효과가 종속변수에 유의한 효과를 갖는 것으로 나타나면 조절효과가 존재하는 것으로 볼 수 있다.

두 번째의 경우는 조절변수의 수준별로 독립변수와 종속변수간의 단순상관계수를 측정하고, 측정결과를 정규화가 가능한 Fisher의 Z´계수로 전환한 다음 두 집단간의 차이를 비교하여 조절효과를 검증하는 방법이다.

세 번째의 경우는 독립변수의 수준이 연속적이기 때문에 독립변수의 종속변수에 대한 효과가 조절변수의 함수로써 변화한다는 종합적인 가정이 불가능하다. 따라서 독립변수의 종속변수에 대한 효과가 조절변수의 함수로써 어떻게 변화하는가에 대한 선험적 지식을 가지고 있어야만 한다.

네 번째는 독립변수, 종속변수, 조절변수를 결합시킨 조절회귀분석을 이용하는 것이다.

이 방법은 표본을 하위집단화 할 필요없이 몇 단계의 회귀방정식을 이용하여 독립변수와 조절변수 또는 공변량이 종속변수에 미치는 효과를 통제한 다음 독립변수와 조절변수의 곱으로 이루어진 상호작용 항이 종속변수에 미치는 효과의 유의성을 검증하는 방법이다.

본 연구에서는 조절회귀분석을 이용하였다. 그 이유는 Fisher의 Z'계수를 이용한 방법은 조절변수를 하위집단으로 구분함으로써 정보의 손실이 생길 수 있는 단점이 있으며, 각 조절변수의 하위집단별로 독립변수의 분산이 동일하다는 것을 전제로 하여야 한다는 것이다. 그리고 정보손실효과는 독립변수까지도 명목화하는 이원분산분석법의 경우에 더욱 심하다는 것이다.

이상의 논의를 바탕으로 성취욕구, 성별, 연령, 재직기간과 같은 개인특성이 독립변수인 직무특성과 직무스트레스간의 관계에 영향을 미치는가에 대하여 조절회귀분석을 이용하고자 한다. 본 연구에서는 잠재적인 영향들을 통제하기 위하여 공변량 또는 통제변수로 보수를 조절회귀분석에 적용하였다.

제4장 조사결과의 분석 및 가설의 검증

제1절 가설 1의 검증결과

1. 성별에 따른 차이분석 결과

〈표 4-1〉 성별에 따른 차이분석

종속변수	독립변수	N	Mean	Std Dev	DF	t-value
자율성	남성	240	2.769	0.699	404	-0.64
	여성	166	2.814	0.684		
호텔직무중요성	남성	240	3.599	0.661	404	0.47
	여성	166	3.567	0.694		
피드백	남성	240	3.515	0.646	404	-0.65
	여성	166	3.556	0.608		
호텔직무다양성	남성	240	2.546	0.798	404	-2.27**
	여성	166	2.729	0.797		
호텔직무스트레스	남성	240	2.810	0.660	404	2.09**
	여성	166	2.671	0.661		
조직몰입	남성	240	3.283	0.761	404	-1.24
	여성	166	3.372	0.706		
이직의사 1 (근무의도)	남성	233	3.837	0.980	393	-0.22
	여성	162	3.860	1.019		

종속변수	독립변수	N	Mean	Std Dev	DF	t-value
이직의사 2 (이직의도)	남성	235	2.427	1.077	392	-0.50
	여성	159	2.481	1.050		
성취욕구	남성	240	3.460	0.610	404	-1.26
	여성	166	3.535	0.567		

*: $p < 0.10$, **: $p < 0.05$, ***: $p < 0.01$

〈표 4-1〉을 보면 관광호텔 종사원들의 성별에 따라서 자율성에 차이가 있는지를 알아보았더니 유의수준 10% 하에서도 통계적으로 유의미한 차이가 있지 않음을 알 수 있다. 즉, 성별에 따라서 자율성은 서로 차이가 존재하지 않는다.

성별에 따라서 직무중요성에 차이가 있는지를 알아보았더니 유의수준 10% 하에서도 통계적으로 유의미한 차이가 있지 않음을 알 수 있다. 즉, 성별에 따라서 직무중요성은 서로 차이가 존재하지 않는다.

성별에 따라서 피드백에 차이가 있는지를 알아보았더니 유의수준 10% 하에서도 통계적으로 유의미한 차이가 있지 않음을 알 수 있다. 즉, 성별에 따라서 피드백은 서로 차이가 존재하지 않는다.

관광호텔 종사원들의 성별에 따라서 직무다양성에 차이가 있는지를 알아보았더니 유의수준 5% 하에서 통계적으로 유의미한 차이가 있음을 알 수 있다. 즉, 성별에 따라서 직무다양성은 서로 차이가 존재하고 있다. 관광호텔의 여성 종사원들이 남성들보다 더욱 많은 업무를 소화해야만 한다고 느끼고 있는 것을 알 수 있다.

그리고 관광호텔 종사원들의 성별에 따라서 직무스트레스에 차이가 있는지를 알아보았더니 유의수준 5% 하에서 통계적으로 유의미한 차이가 있음을 알 수 있다. 즉, 성별에 따라서 느끼고 있는 직무스트레스는 서로 차이가 존재한다.

관광호텔의 남성 종사원들이 여성들보다 더욱 많은 직무스트레스를 경험하고 있는 것은 여성 종사원들에 비해 기혼자가 많음으로써 경제적인 책임감과 家長으로서의 역할을 느끼고 있으며, 가정에서의 사회적 지원이 원활하지 못할 때 직무스트레스를 더욱 많이 경험하는 것으로 사료된다.

관광호텔 종사원들의 성별에 따라서 조직몰입에 차이가 있는지를 알아보았더니 유의수준 10% 하에서도 통계적으로 유의미한 차이가 있지 않음을 알 수 있다. 즉, 성별에 따라서 조직몰입은 서로 차이가 존재하지 않는다.

관광호텔 종사원들의 성별에 따라서 이직의사 1(근무의도)에 차이가 있는지를 알아보았더니 유의수준 10% 하에서도 통계적으로 유의미한 차이가 있지 않음을 알 수 있다. 즉, 성별에 따라서 이직의사 1은 서로 차이가 존재하지 않는다.

관광호텔 종사원들의 성별에 따라서 이직의사 2(이직의도)에 차이가 있는지를 알아보았더니 유의수준 10% 하에서도 통계적으로 유의미한 차이가 있지 않음을 알 수 있다. 즉, 성별에 따라서 이직의사 2는 서로 차이가 존재하지 않는다.

관광호텔 종사원들의 성별에 따라서 성취욕구에 차이가 있는지를 알아보았더니 유의수준 10% 하에서도 통계적으로 유의미한 차이가 있지 않음을 알 수 있다. 즉, 성별에 따른 성취욕구는 서로 차이가 존재하지 않는다.

2. 연령에 따른 분산분석 결과

〈표 4-2〉 연령에 따른 자율성의 분산분석

Source	자유도	제곱합	평균제곱	F-Value
연령	4	2.564	0.641	1.34
오차	401	191.502	0.477	
총	405	194.066		

관광호텔 종사원의 연령에 따라 자율성에 차이가 존재하는지를 알아보기 위하여 분산분석을 실시한 결과 위와 같은 표를 얻을 수 있었다. 〈표 4-2〉를 보면 검정통계량이 1.34로서 유의수준 10%하에서도 통계적으로 유의미한 차이가 있지 않음을 알 수 있다. 즉, 연령에 따라 자율성은 서로 차이가 존재하지 않음을 알 수 있다.

〈표 4-3〉 연령에 따른 호텔직무중요성의 분산분석

Source	자유도	제곱합	평균제곱	F-Value
연령	4	2.707	0.677	1.50
오차	401	181.309	0.452	
총	405	184.016		

관광호텔 종사원의 연령에 따라 직무중요성에 차이가 존재하는지를 알아보기 위하여 분산분석을 실시한 결과 위와 같은 표를 얻을 수 있었다. 〈표 4-3〉을 보면 검정통계량이 1.50으로서 유의수준 10%하에서도 통계적으로 유의미한 차이가 있지 않음을 알 수 있다. 즉, 연령에 따라 직무중요성은 서로 차이가 존재하지 않음을 알 수 있다.

〈표 4-4〉 연령에 따른 피드백의 분산분석

Source	자유도	제곱합	평균제곱	F-Value	연령	평균
연령	4	3.279	0.819	2.09*	19세~25세	3.5795 ab
					26세~30세	3.4808 ab
오차	401	157.623	0.393		31세~35세	3.4129 b
					36세~40세	3.6250 ab
총	405	160.912			41세이상	3.6875 a

*: $p < 0.10$, **: $p < 0.05$, ***: $p < 0.01$

관광호텔 종사원의 연령에 따라 피드백에 차이가 존재하는지를 알아보기 위하여 분산분석을 실시한 결과 위와 같다. 〈표 4-4〉를 보면 검정통계량이 2.09로서 유의수준 10%하에서 통계적으로 유의미한 차이를 보이는 것으로 나타났다. 즉, 연령에 따라 피드백은 서로 차이가 존재함을 알 수 있다.

연령에 따라 피드백이 서로 차이가 있다는 사실이 밝혀졌으므로 그 다음으로 사후검정인 다중비교 검정(multiple comparison test)을 실시하면 위 표와 같다. 위 표에서 보는 것과 같이 41세 이상과 31세~35세의 연령만 차이가 존재하고 타 연령에서는 차이가 존재하지 않음을 알 수 있다. 관광호텔 종사원의 연령에 있어서 41세 이상의 피드백 평균이 제일 높은 것은 나이가 많음으로 인해 오랜 호텔근무경험을 지님으로써 호텔업무가 요구하고 있는 활동의 수행결과에 대하여 직접적이고 명확한 정보를 얻을 수 있는 통로를 알고있기 때문으로 사료된다.

〈표 4-5〉 연령에 따른 호텔직무다양성의 분산분석

Source	자유도	제곱합	평균제곱	F-Value	연령	평균
연령	4	7.155	1.788	2.83**	19세~25세	2.7500 a
					26세~30세	2.7094 a
오차	401	253.431	0.632		31세~35세	2.4944 ab
					36세~40세	2.3696 b
총	405	260.586			41세이상	2.5795 ab

*: p < 0.10, **: p < 0.05, ***: p < 0.01

관광호텔 종사원의 연령에 따라 직무다양성에 차이가 존재하는지를 알아보기 위하여 분산분석을 실시한 결과 위와 같다. 〈표 4-5〉에서 검정통계량이 2.83으로서 유의수준 5% 하에서 통계적으로 유의미한 차이를 보이는 것으로 나타났다. 즉, 연령에 따른 직무다양성은 서로 차이가 존재함을 알 수 있다.

연령에 따라 직무다양성이 서로 차이가 있다는 사실이 밝혀졌으므로 그 다음으로 추가분석인 다중비교 검정(multiple comparison test)을 실시하면 위 표와 같다. 위 표에서 보는 것과 같이 관광호텔 종사원들은 나이가 많을수록 직무다양성의 평균이 적어지고 있다. 즉, 연령이 많아지면서 호텔업무에 대한 노하우가 축적되고 정리되어진다고 할 수 있다.

〈표 4-6〉 연령에 따른 호텔직무스트레스의 분산분석

Source	자유도	제곱합	평균제곱	F-Value
연령	4	1.561	0.390	0.89
오차	401	176.422	0.439	
총	405	177.983		

관광호텔 종사원의 연령에 따른 직무스트레스에 차이가 존재하는지를 알아보기 위하여 분산분석을 실시한 결과 위와 같은 표를 얻을 수

있었다. 〈표 4-6〉을 보면 검정통계량이 0.89 로서 유의수준 10%하에서도 통계적으로 유의미한 차이가 있지 않음을 알 수 있다. 즉, 연령에 따라 직무스트레스는 서로 차이가 존재하지 않음을 알 수 있다.

〈표 4-7〉 연령에 따른 조직몰입의 분산분석

Source	자유도	제곱합	평균제곱	F-Value	연령	평균
연령	4	6.189	1.547	3.11**	19세~25세	3.2736 b
					26세~30세	3.2462 b
오차	401	199.236	0.497		31세~35세	3.2787 b
					36세~40세	3.3674 b
총	405	205.425			41세이상	3.6591 a

*: $p < 0.10$, **: $p < 0.05$, ***: $p < 0.01$

다음으로 관광호텔 종사원의 연령에 따른 조직몰입에 차이가 존재하는지를 알아보기 위하여 분산분석을 실시한 결과 위와 같다. 〈표 4-7〉에서 본다면 검정통계량이 3.11으로서 유의수준 5% 하에서 통계적으로 유의미한 차이를 보이는 것으로 나타났다. 즉, 연령에 따른 조직몰입은 서로 차이가 존재함을 알 수 있다.

연령에 따른 조직몰입이 서로 차이가 있다는 사실이 밝혀졌으므로 그 다음으로 추가분석인 다중비교 검정(multiple comparison test)을 실시하면 위 표와 같다. 위 표에서 보는 것과 같이 관광호텔 종사원들은 나이가 많을수록 조직몰입의 평균이 많아지고 있다. 즉, 연령이 많아지면서 자연스럽게 승진이 이루어지고, 자기가 몸담고 있는 호텔에 대해서 애착을 가지고 호텔종사원이라는데 긍지를 가지고 있는 것으로 사료된다.

〈표 4-8〉 연령에 따른 이직의사 1(근무의도)의 분산분석

Source	자유도	제곱합	평균제곱	F-Value
연령	4	7.424	1.856	1.89
오차	390	382.420	0.98	
총	394	389.844		

　관광호텔 종사원의 연령에 따른 이직의사 1에 차이가 존재하는지를 알아보기 위하여 분산분석을 실시한 결과 위와 같은 표를 얻을 수 있었다. 〈표 4-8〉에서 검정통계량이 1.89 로서 유의수준 10%하에서도 통계적으로 유의미한 차이가 있지 않음을 알 수 있다. 즉, 연령에 따른 이직의사 1은 서로 차이가 존재하지 않음을 알 수 있다.

〈표 4-9〉 연령에 따른 이직의사 2(이직의도)의 분산분석

Source	자유도	제곱합	평균제곱	F-Value	연령	평균
연령	4	23.212	5.803	5.35***	19세~25세	2.6490 a
					26세~30세	2.6140 a
오차	401	422.228	1.085		31세~35세	2.3716 a
					36세~40세	2.2667 a
총	405	445.440			41세이상	1.8864 b

*: $p < 0.10$, **: $p < 0.05$, ***: $p < 0.01$

　관광호텔 종사원의 연령에 따른 이직의사 2에 차이가 존재하는지를 알아보기 위하여 분산분석을 실시한 결과 위와 같다. 〈표 4-9〉에서 검정통계량이 5.35로서 유의수준 1% 하에서 통계적으로 유의미한 차이를 보이는 것으로 나타났다. 즉, 연령에 따른 이직의사 2는 서로 차이가 존재함을 알 수 있다.
　연령에 따른 이직의사 2가 서로 차이가 있다는 사실이 밝혀졌으므로 그 다음으로 추가분석인 다중비교 검정(multiple comparison test)을 실

시하면 위 표와 같다. 위 표에서 보는 것과 같이 관광호텔 종사원들은
나이가 많을수록 이직의사 2의 평균이 적어지고 있다. 19세~25세까지
의 관광호텔 종사원들은 가장 높은 평균을 나타내고 있다. 즉, 관광호텔
에 입사하여 호텔종사원으로 근무하기 시작하는 초기에 이직할려고 하
는 성향이 강하게 나타나고 있다. 그러므로 후견인제를 실시하여 신입
종사원들에게 호텔업무에 적응할 수 있는 여건을 마련해야 하는 것이
바람직하다고 사료된다.

<표 4-10> 연령에 따른 성취욕구의 분산분석

Source	자유도	제곱합	평균제곱	F-Value	연령	평균
연령	4	2.927	0.732	2.10*	19세~25세	3.5636 ab
					26세~30세	3.4000 b
오차	401	139.765	0.348		31세~35세	3.4644 ab
					36세~40세	3.4384 b
총	405	142.692			41세이상	3.6553 a

* : $p < 0.10$, * * : $p < 0.05$, * * * : $p < 0.01$

관광호텔 종사원의 연령에 따른 성취욕구에 차이가 존재하는지를 알
아보기 위하여 분산분석을 실시한 결과 위와 같다. 〈표 4-10〉을 본다면
검정통계량이 2.10으로서 유의수준 10% 하에서 통계적으로 유의미한
차이를 보이는 것으로 나타났다. 즉, 연령에 따른 성취욕구는 서로 차이
가 존재함을 알 수 있다.

연령에 따른 성취욕구가 서로 차이가 있다는 사실이 밝혀졌으므로
그 다음으로 추가분석인 다중비교 검정(multiple comparison test)을 실
시하면 위 표와 같다. 위 표에서 보면 41세 이상이 성취욕구의 평균이
가장 높으며 그다음이 19세에서 25세이다. 41세 이상이 가장 성취욕구
가 강한 것은 호텔업무를 수행한 년수가 오래됨으로써 승진을 할려고

하는 개인적 열망수준이 높은 것으로 추정할 수 있으며, 19세에서 25세
는 어려운 입사경쟁을 뚫고 호텔에 들어옴으로써 호텔업무에 대한 정
신무장을 하고 있으며 미래의 계획된 목표를 가질려고 하기 때문에 성
취동기가 높은 것으로 사료된다.

3. 재직기간에 따른 분산분석 결과

〈표 4-11〉 재직기간에 따른 자율성의 분산분석

Source	자유도	제곱합	평균제곱	F-Value
재직기간	5	2.406	0.481	1.00
오차	388	186.332	0.480	
총	393	188.738		

관광호텔 종사원의 재직기간에 따라 자율성에 차이가 존재하는지를
알아보기 위하여 분산분석을 실시한 결과 위와 같은 표를 얻을 수 있
었다. 〈표 4-11〉을 본다면 검정통계량이 1.00으로서 유의수준 10%하에
서도 통계적으로 유의미한 차이가 있지 않음을 알 수 있다. 즉, 재직기
간에 따른 자율성은 서로 차이가 존재하지 않음을 알 수 있다.

〈표 4-12〉 재직기간에 따른 호텔직무중요성의 분산분석

Source	자유도	제곱합	평균제곱	F-Value	재직기간	평균
재직기간	5	6.119	1.224	2.75**	1년~3년	3.657 a
					4년~6년	3.330 ab
오차	388	172.528	0.445		7년~10년	3.662 a
					11년~15년	3.600 a
총	393	178.647			16년~20년	3.675 c
					21년 이상	3.600 a

*: p〈0.10, **: p〈0.05, ***: p〈0.01

관광호텔 종사원의 재직기간에 따른 직무중요성에 차이가 존재하는 지를 알아보기 위하여 분산분석을 실시한 결과 위와 같다. 〈표 4-12〉에서 검정통계량이 2.75로서 유의수준 5% 하에서 통계적으로 유의미한 차이를 보이는 것으로 나타났다. 즉, 재직기간에 따른 직무중요성은 서로 차이가 존재함을 알 수 있다.

재직기간에 따른 직무중요성이 서로 차이가 있다는 사실이 밝혀졌으므로 그 다음으로 추가분석인 다중비교 검정(multiple comparison test)을 실시하면 위 표와 같다. 위 표에서 보면 관광호텔의 현재직기간이 16년~20년일 때 직무중요성의 평균이 제일 높게 나타나고 있다. 반면 4년~6년의 기간이 가장 낮은 평균을 보이고 있다. 이것은 호텔업무를 처음으로 수행하는 신입종사원이 아니면서도 이러한 시기가 되면 다른 사람의 직업이나 생활에 관심을 기울이면서 자신이 맡고 있는 접객업무와 비교하면서 자신의 정체성을 찾으려고 하는 시기이므로 직무중요성이 낮은 것으로 사료된다.

〈표 4-13〉 재직기간에 따른 피드백의 분산분석

Source	자유도	제곱합	평균제곱	F-Value
재직기간	5	3.438	0.687	1.75
오차	388	152.153	0.392	
총	393	155.571		

관광호텔 종사원의 재직기간에 따른 피드백에 차이가 존재하는지를 알아보기 위하여 분산분석을 실시한 결과 위와 같은 표를 얻을 수 있었다. 〈표 4-13〉에서 검정통계량이 1.75 로서 유의수준 10%하에서도 통계적으로 유의미한 차이가 있지 않음을 알 수 있다. 즉, 재직기간에 따른 피드백은 서로 차이가 존재하지 않음을 알 수 있다.

〈표 4-14〉 재직기간에 따른 호텔직무다양성의 분산분석

Source	자유도	제곱합	평균제곱	F-Value
재직기간	5	4.135	0.827	1.29
오차	388	248.451	0.640	
총	393	252.586		

관광호텔 종사원의 재직기간에 따른 직무다양성에 차이가 존재하는지를 알아보기 위하여 분산분석을 실시한 결과 위와 같은 표를 얻을 수 있었다. 〈표 4-14〉를 본다면 검정통계량이 1.29로서 유의수준 10%하에서도 통계적으로 유의미한 차이가 있지 않음을 알 수 있다. 즉, 재직기간에 따른 직무다양성은 서로 차이가 존재하지 않음을 알 수 있다.

〈표 4-15〉 재직기간에 따른 호텔직무스트레스의 분산분석

Source	자유도	제곱합	평균제곱	F-Value
재직기간	5	3.834	0.767	1.75
오차	388	169.766	0.437	
총	393	173.600		

관광호텔 종사원의 재직기간에 따른 직무스트레스에 차이가 존재하는지를 알아보기 위하여 분산분석을 실시한 결과 위와 같은 표를 얻을 수 있었다.

〈표 4-15〉에서 검정통계량이 1.75로서 유의수준 10%하에서도 통계적으로 유의미한 차이가 있지 않음을 알 수 있다. 즉, 재직기간에 따른 직무스트레스에는 서로 차이가 존재하지 않음을 알 수 있다.

〈표 4-16〉 재직기간에 따른 조직몰입의 분산분석

Source	자유도	제곱합	평균제곱	F-Value	재직기간	평균
재직기간	5	11.363	2.273	4.77***	1년~3년	3.250 dc
					4년~6년	3.072 d
오차	388	184.888	0.476		7년~10년	3.481 abc
					11년~15년	3.296 bcd
총	393	196.251			16년~20년	3.683 ab
					21년 이상	3.700 a

* : $p < 0.10$, * * : $p < 0.05$, * * * : $p < 0.01$

관광호텔 종사원의 재직기간에 따른 조직몰입에 차이가 존재하는지를 알아보기 위하여 분산분석을 실시한 결과 위와 같다. 〈표 4-16〉에 의하면 검정통계량이 4.77로서 유의수준 5% 하에서 통계적으로 유의미한 차이를 보이는 것으로 나타났다. 즉, 재직기간에 따른 조직몰입은 서로 차이가 존재함을 알 수 있다.

재직기간에 따른 조직몰입이 서로 차이가 있다는 사실이 밝혀졌으므로 그 다음으로 추가분석인 다중비교 검정(multiple comparison test)을 실시하면 위 표와 같다. 위 표에서 보면 대체적으로 재직기간이 많으면 많을수록 조직몰입의 평균이 높아진다는 것을 알 수 있다. 이것은 호텔 근무년수가 늘어나면서 자기 호텔에 대한 적응력도 강해지고 조직에 대해 애착을 가지고 계속해서 근무할려고 하는 성향이 강해지는 것이라고 사료된다.

다만 4년~6년 재직기간의 종사원들은 호텔업무에 숙달되어가는 과정이지만 다른 사람의 직업이나 생활에 관심을 기울이면서 자신이 맡고 있는 호텔업무와 비교하면서 자신의 미래에 대해 깊은 생각을 함으로써 갈등하는 시기이므로 조직몰입도가 제일 약한 것이 아닌가 사료된다.

〈표 4-17〉 재직기간에 따른 이직의사 1의 분산분석

Source	자유도	제곱합	평균제곱	F-Value
재직기간	5	6.167	1.233	1.25
오차	379	374.151	0.987	
총	384	380.318		

관광호텔 종사원의 재직기간에 따른 이직의사 1에 차이가 존재하는지를 알아보기 위하여 분산분석을 실시한 결과 위와 같은 표를 얻을 수 있었다.

〈표 4-17〉을 보면 검정통계량이 1.25로서 유의수준 10%하에서도 통계적으로 유의미한 차이가 있지 않음을 알 수 있다. 즉, 재직기간에 따른 이직의사 1에는 서로 차이가 존재하지 않음을 알 수 있다.

〈표 4-18〉 재직기간에 따른 이직의사 2의 분산분석

Source	자유도	제곱합	평균제곱	F-Value	재직기간	평균
재직기간	5	31.966	6.393	6.01***	1년~3년	2.648 a
					4년~6년	2.672 a
오차	379	402.897	1.063		7년~10년	2.230 ab
					11년~15년	2.319 ab
총	384	434.863			16년~20년	1.841 bc
					21년 이상	1.375 c

*: $p < 0.10$, **: $p < 0.05$, ***: $p < 0.01$

다음으로 관광호텔 종사원의 재직기간에 따른 이직의사 2에 차이가 존재하는지를 알아보기 위하여 분산분석을 실시한 결과 위와 같다. 〈표 4-18〉에서 검정통계량이 6.01로서 유의수준 1% 하에서 통계적으로 유의미한 차이를 보이는 것으로 나타났다. 즉, 재직기간에 따른 이직의사 2는 서로 차이가 존재함을 알 수 있다.

재직기간에 따른 이직의사 2가 서로 차이가 있다는 사실이 밝혀졌으므로 그 다음으로 추가분석인 다중비교 검정(multiple comparison test)을 실시하면 위 표와 같다. 위 표에서 보면 재직기간이 많으면 많을수록 이직의사 2의 평균이 낮아진다는 것을 알 수 있다. 이것은 호텔근무년수가 늘어나면서 자기 호텔에 대한 적응력도 강해지고 조직에 대해 애착을 가지고 계속해서 근무할려고 하는 성향이 강해지는 것이라고 사료된다.

〈표 4-19〉 재직기간에 따른 성취욕구의 분산분석

Source	자유도	제곱합	평균제곱	F-Value	재직기간	평균
재직기간	5	6.771	1.354	3.95***	1년~3년	3.577 ab
					4년~6년	3.242 b
오차	388	132.858	0.342		7년~10년	3.529 ab
					11년~15년	3.417 ab
총	393	139.629			16년~20년	3.653 a
					21년 이상	3.375 ab

*: $p < 0.10$, **: $p < 0.05$, ***: $p < 0.01$

다음으로 관광호텔 종사원의 재직기간에 따른 성취욕구에 차이가 존재하는지를 알아보기 위하여 분산분석을 실시한 결과 위와 같다. 〈표 4-19〉에 의하면 검정통계량이 3.95로서 유의수준 1% 하에서 통계적으로 유의미한 차이를 보이는 것으로 나타났다. 즉, 재직기간에 따른 이직의사 2는 서로 차이가 존재함을 알 수 있다.

재직기간에 따른 이직의사 2가 서로 차이가 있다는 사실이 밝혀졌으므로 그 다음으로 추가분석인 다중비교 검정(multiple comparison test)을 실시하면 위 표와 같다. 위 표에서 보면 16년~20년 재직한 관광호텔 종사원에 있어서 성취욕구의 평균이 제일 높게 나타났고 다음으로 1년~3년, 7년~10년으로 밝혀졌다. 4년~6년이 제일 낮은 성취욕구를 보이는 것은 조직몰입과 밀접한 관련이 있는 것으로 사료된다.

4. 학력에 따른 분산분석 결과

〈표 4-20〉 학력에 따른 자율성의 분산분석

Source	자유도	제곱합	평균제곱	F-Value	학력	평균
학력	2	6.924	3.463	7.59***	고졸이하	2.604 b
오차	393	179.253	0.456		전문대졸	2.702 b
총	395	186.179			대졸이상	3.945 a

*: $p < 0.10$, **: $p < 0.05$, ***: $p < 0.01$

관광호텔 종사원의 학력에 따른 자율성에 차이가 존재하는지를 알아보기 위하여 분산분석을 실시한 결과 위와 같다. 〈표 4-20〉에서 검정통계량이 7.59로서 유의수준 1% 하에서 통계적으로 유의미한 차이를 보이는 것으로 나타났다. 즉, 학력에 따른 자율성은 서로 차이가 존재함을 알 수 있다.

학력에 따른 자율성이 서로 차이가 있다는 사실이 밝혀졌으므로 그 다음으로 추가분석인 다중비교 검정(multiple comparison test)을 실시하면 위 표와 같다. 위 표에서 보면 학력이 높으면 높을수록 자율성의 평균이 높다는 것을 알 수 있으며 특히 대졸이상의 학력을 소유하고 있는 관광호텔 종사원들은 고졸이하나 전문대졸과는 현격한 차이를 보이고 있다. 즉, 대졸이상의 학력을 가지고 있는 종사원들은 호텔업무 수행에 필요한 작업의 일정계획과 작업방법, 작업절차를 결정하는데 있어서 자신에게 많은 재량권을 부여하기를 기대하고 있다. 그러므로 관광호텔의 중간관리자는 이점에 유념하여 호텔종사원을 관리해야 할것으로 사료된다.

〈표 4-21〉 학력에 따른 호텔직무중요성의 분산분석

Source	자유도	제곱합	평균제곱	F-Value	학력	평균
학력	2	15.441	7.721	18.43***	고졸이하	3.356 b
오차	393	164.663	0.419		전문대졸	3.447 b
총	395	180.104			대졸이상	3.825 a

* : p〈0.10, * * : p〈0.05, * * * : p〈0.01

관광호텔 종사원의 학력에 따른 직무중요성에 차이가 존재하는지를 알아보기 위하여 분산분석을 실시한 결과 위와 같다. 〈표 4-21〉을 보면 검정통계량이 18.43으로서 유의수준 1% 하에서 통계적으로 유의미한 차이를 보이는 것으로 나타났다. 즉, 학력에 따른 직무중요성은 서로 차이가 존재함을 알 수 있다.

학력에 따른 직무중요성이 서로 차이가 있다는 사실이 밝혀졌으므로 그 다음으로 추가분석인 다중비교 검정(multiple comparison test)을 실시하면 위 표와 같다. 위 표에서 보면 학력이 높으면 높을수록 직무중요성의 평균이 높다는 것을 알 수 있으며 특히 대졸이상의 학력을 소유하고 있는 관광호텔 종사원들은 고졸이하나 전문대졸과는 다소 차이를 보이고 있다. 호텔종사원의 학력이 높으면 높을수록 자신이 맡고 있는 호텔업무가 다른 종사원의 작업이나 생활에 큰 영향을 미치고 있다는 생각을 가지고 있으며, 자신의 호텔업무가 호텔의 중요한 업무 중 하나라는 확신을 가지고 있기 때문에 호텔업무를 중요하게 여기는 것이라고 사료된다.

〈표 4-22〉 학력에 따른 피드백의 분산분석

Source	자유도	제곱합	평균제곱	F-Value	학력	평균
학력	2	2.303	1.152	2.89*	고졸이하	3.449 a
오차	393	156.342	0.398		전문대졸	3.467 a
총	395	158.645			대졸이상	3.618 a

* : p〈0.10, * * : p〈0.05, * * * : p〈0.01

다음으로 관광호텔 종사원의 학력에 따른 피드백에 차이가 존재하는
지를 알아보기 위하여 분산분석을 실시한 결과 위와 같다. 〈표 4-22〉에
의하면 검정통계량이 2.89로서 유의수준 10% 하에서 통계적으로 유의
미한 차이를 보이는 것으로 나타났다. 즉, 학력에 따른 피드백은 서로
차이가 존재함을 알 수 있다.

학력에 따른 피드백이 서로 차이가 있다는 사실이 밝혀졌으므로 그
다음으로 추가분석인 다중비교 검정(multiple comparison test)을 실시
하면 위 표와 같다. 위 표에서 보면 학력이 높으면 높을수록 피드백의
평균이 높다는 것을 알 수 있다. 즉, 고학력의 호텔종사원일수록 자신의
호텔업무가 잘 처리되지 못한 부분을 금방 알 수 있다.

〈표 4-23〉 학력에 따른 호텔직무다양성의 분산분석

Source	자유도	제곱합	평균제곱	F-Value
학력	2	0.453	0.227	0.35
오차	393	253.518	0.645	
총	395	253.971		

다음으로 관광호텔 종사원의 학력에 따른 직무다양성에 차이가 존재
하는지를 알아보기 위하여 분산분석을 실시한 결과 위와 같은 표를 얻
을 수 있었다.

〈표 4-23〉을 본다면 검정통계량이 0.35로서 유의수준 10%하에서도
통계적으로 유의미한 차이가 있지 않음을 알 수 있다. 즉, 학력에 따른
직무다양성에는 서로 차이가 존재하지 않음을 알 수 있다.

〈표 4-24〉 학력에 따른 호텔직무스트레스의 분산분석

Source	자유도	제곱합	평균제곱	F-Value	학력	평균
학력	2	7.603	3.801	9.10***	고졸이하	2.962 a
오차	393	164.090	0.417		전문대졸	2.836 a
총	395	171.693			대졸이상	2.589 b

*: p〈0.10, **: p〈0.05, ***: p〈0.01

이번에는 관광호텔 종사원의 학력에 따른 직무스트레스에 차이가 존재하는지를 알아보기 위하여 분산분석을 실시한 결과 위와 같다. 〈표 4-24〉를 본다면 검정통계량이 9.10으로서 유의수준 1% 하에서 통계적으로 유의미한 차이를 보이는 것으로 나타났다. 즉, 학력에 따른 직무스트레스는 서로 차이가 존재함을 알 수 있다.

학력에 따른 직무스트레스에 서로 차이가 있다는 사실이 밝혀졌으므로 그 다음으로 추가분석인 다중비교 검정(multiple comparison test)을 실시하면 위 표와 같다. 위 표에서 보면 학력이 높으면 높을수록 직무스트레스의 평균이 낮아지는 것을 알 수 있다 관광호텔 종사원들의 학력이 낮으면 낮을수록 직무스트레스를 많이 느끼고 있는 것을 볼 수 있다.

〈표 4-25〉 학력에 따른 조직몰입의 분산분석

Source	자유도	제곱합	평균제곱	F-Value	학력	평균
학력	2	6.422	3.211	6.48***	고졸이하	3.014 b
오차	393	194.706	0.495		전문대졸	3.295 a
총	395	201.128			대졸이상	3.436 a

*: p〈0.10, **: p〈0.05, ***: p〈0.01

관광호텔 종사원의 학력에 따른 조직몰입에 차이가 존재하는지를 알아보기 위하여 분산분석을 실시한 결과 위와 같다. 〈표 4-25〉를 본다면

검정통계량이 6.48로서 유의수준 1% 하에서 통계적으로 유의미한 차이를 보이는 것으로 나타났다. 즉, 학력에 따른 조직몰입은 서로 차이가 존재함을 알 수 있다.

학력에 따른 조직몰입에 서로 차이가 있다는 사실이 밝혀졌으므로 그 다음으로 추가분석인 다중비교 검정(multiple comparison test)을 실시하면 위 표와 같다. 위 표에서 보면 학력이 높으면 높을수록 조직몰입의 평균이 높다는 것을 알 수 있다. 즉, 고학력의 호텔종사원일수록 자신이 근무하는 호텔에 대해 애착을 가지고 있고, 계속해서 근무하려고 하는 성향이 강하며 호텔의 일원이라는데 긍지를 가지고 있는 것으로 볼 수 있다.

이것은 호텔종사원이라는 직업에 대한 사람들의 가치관도 많이 바뀌고 있고 고학력자들도 자신이 호텔리어라는 것에 전혀 위축되지 않고 있으며, 호텔의 경영자가 될려면 접객직부터 당연히 거쳐야 한다는 개방적인 사고를 가지고 있기 때문이 아닌가 사료된다.

〈표 4-26〉 학력에 따른 이직의사 1의 분산분석

Source	자유도	제곱합	평균제곱	F-Value
학력	2	2.479	1.239	1.26
오차	382	374.382	0.980	
총	384	376.841		

다음으로 관광호텔 종사원의 학력에 따른 이직의사 1에 차이가 존재하는지를 알아보기 위하여 분산분석을 실시한 결과 위와 같은 표를 얻을 수 있었다.

〈표 4-26〉에 의하면 검정통계량이 1.26으로서 유의수준 10%하에서도 통계적으로 유의미한 차이가 있지 않음을 알 수 있다. 즉, 학력에 따른 이직의사 1에는 서로 차이가 존재하지 않음을 알 수 있다.

〈표 4-27〉 학력에 따른 이직의사 2 의 분산분석

Source	자유도	제곱합	평균제곱	F-Value
학력	2	0.218	0.109	0.10
오차	381	425.275	1.116	
총	383	425.493		

관광호텔 종사원의 학력에 따른 이직의사 2에 차이가 존재하는지를 알아보기 위하여 분산분석을 실시한 결과 위와 같은 표를 얻을 수 있었다. 〈표4-27〉을 보면 검정통계량이 0.10으로서 유의수준 10%하에서도 통계적으로 유의미한 차이가 있지 않음을 알 수 있다. 즉, 학력에 따른 이직의사 2에는 서로 차이가 존재하지 않음을 알 수 있다.

〈표 4-28〉 학력에 따른 성취욕구의 분산분석

Source	자유도	제곱합	평균제곱	F-Value	학력	평균
학력	2	13.255	6.627	20.54***	고졸이하	3.197 c
오차	393	126.821	0.323		전문대졸	3.384 b
총	395	140.076			대졸이상	3.702 a

* : p〈0.10, * * : p〈0.05, * * * : p〈0.01

마지막으로 관광호텔 종사원의 학력에 따른 성취욕구에 차이가 존재하는지를 알아보기 위하여 분산분석을 실시한 결과 위와 같다. 〈표 4-28〉을 본다면 검정통계량이 20.54로서 유의수준 1% 하에서 통계적으로 유의미한 차이를 보이는 것으로 나타났다. 즉, 학력에 따른 성취욕구는 서로 차이가 존재함을 알 수 있다.

학력에 따른 성취욕구에 서로 차이가 있다는 사실이 밝혀졌으므로 그 다음으로 추가분석인 다중비교 검정(multiple comparison test)을 실시하면 위 표와 같다. 위 표에서 보면 학력이 높으면 높을수록 성취욕구의 평균이 현격히 높다는 것을 알 수 있다. 즉, 고학력의 종사원일수록 개인적 열망수준이나 성취동기가 강하다는 사실을 알 수 있다. 이것은 고학력의 호텔종사원들이 고졸이나 전문대졸 종사원보다 미래지향적이고 호텔경영자로서 성공하겠다는 확고한 신념을 가지고 있기 때문이 아닌가 사료된다.

제2절 호텔직무특성이 호텔직무스트레스에 미치는 효과

1. 가설 2의 검증

직무특성이 직무스트레스에 대하여 어떠한 영향을 미치는가에 대한 가설 1을 검정하기 위하여 요인분석을 통하여 얻어진 직무특성 즉, 직무다양성과 직무중요성, 자율성 및 피드백을 독립변수로 하고 직무스트레스를 종속변수로 하는 회귀분석을 실시한 결과는 다음 표와 같다.

〈표 4-29〉 자율성과 호텔직무스트레스에 대한 회귀식

Variable	df	Parameter Estimate	Standard Error	t-value	R^2
Intercept	1	3.030	0.136	22.27***	
자율성	1	-0.099	0.047	-2.10**	0.0108

*: p〈0.10, **: p〈0.05, ***: p〈0.01

자율성과 직무스트레스에 대한 회귀분석 결과 자율성에 대한 회귀계수는 유의수준 5%하에서 통계적으로 유의하며 이는 직무스트레스에

負(-0.099)의 영향을 미치는 것으로 판단된다. 즉, 자율성이 증가할수록 직무스트레스에는 負의 영향을 미친다.

관광호텔 종사원에게 책임과 권한을 주고 재량권을 많이 부여하면 할수록 직무스트레스를 감소시킬 수 있다는 것을 알 수 있다.

〈표 4-30〉 호텔직무중요성과 호텔직무스트레스에 대한 회귀식

Variable	df	Parameter Estimate	Standard Error	t-value	R^2
Intercept	1	3.367	0.175	19.15***	0.0304
직무중요성	1	-0.171	0.048	-3.56***	

*: $p < 0.10$, **: $p < 0.05$, ***: $p < 0.01$

직무중요성과 직무스트레스에 대한 회귀분석 결과 직무중요성에 대한 회귀계수는 유의수준 1%하에서 통계적으로 유의하며 이는 직무스트레스에 負(-0.171)의 영향을 미치는 것으로 판단된다. 즉, 직무중요성이 증가할수록 직무스트레스에는 負의 영향을 미친다.

〈표 4-31〉 피드백과 호텔직무스트레스에 대한 회귀식

Variable	df	Parameter Estimate	Standard Error	t-value	R^2
Intercept	1	3.170	0.186	17.00***	0.0126
피드백	1	-0.118	0.052	-2.27**	

*: $p < 0.10$, ** : $p < 0.05$, *** : $p < 0.01$

피드백과 직무스트레스에 대한 회귀분석 결과 피드백에 대한 회귀계수는 유의수준 5%하에서 통계적으로 유의하며 이는 직무스트레스에 負(-0.118)의 영향을 미치는 것으로 판단된다. 즉, 피드백이 증가할수록 직무스트레스에는 負의 관계가 있는 것으로 나타났다.

〈표 4-32〉 호텔직무다양성과 호텔직무스트레스에 대한 회귀식

Variable	df	Parameter Estimate	Standard Error	t-value	R^2
Intercept	1	2.333	0.110	21.10***	
직무다양성	1	0.160	0.040	3.97***	0.0376

*: $p < 0.10$, **: $p < 0.05$, ***: $p < 0.01$

직무다양성과 직무스트레스에 대한 회귀분석 결과 직무다양성에 대한 회귀계수는 유의수준 1%하에서 통계적으로 유의하며 이는 직무스트레스에 正(0.160)의 영향을 미치는 것으로 판단된다. 즉, 직무다양성이 증가할수록 직무스트레스에는 正의 관계가 있는 것으로 나타났다. 관광호텔의 종사원들은 자신의 업무가 다양하면 다양할수록 호텔직무스트레스가 증가하는 것으로 나타났다. 그러므로 관광호텔 종사원에게는 명확한 업무분장을 실시하고 업무표준화를 이루어야 한다.

따라서 직무다양성이 클수록 직무스트레스는 증가하는 것을 알 수 있으며, 반면에 직무중요성, 자율성, 피드백의 인지도가 클수록 직무스트레스가 낮아지는 것을 볼 수 있다.

2. 가설 3의 검증

호텔직무특성인 자율성과 호텔직무중요성, 피드백, 호텔직무다양성에 대한 인지도와 직무스트레스와의 관계가 개인특성인 성취욕구와 성별, 연령 및 재직기간에 의해 어떻게 조절되는가를 알아보기 위해 가설검증을 실시하였다.

〈표 4-33〉 호텔직무중요성과 성취욕구의 조절효과

독립변수 \ 종속변수		직무스트레스		F
		R^2	ΔR^2	
연구변수	직무중요성	0.0304	·	18.71***
	성취욕구	0.0601	0.0297	
	상호작용항	0.1019	0.0418	

*: p〈0.10, **: p〈0.05, ***: p〈0.01

〈표 4-33〉에서는 직무중요성과 직무스트레스의 관계에 대한 성취욕구의 조절효과에 대한 검증을 위해 직무스트레스를 종속변수로 하고 직무중요성과 성취욕구와 상호작용항을 독립변수로 첨가하는 회귀분석을 실시한 결과이다. 먼저 직무스트레스를 종속변수로 하고 직무중요성만을 독립변수로 한 회귀분석을 실시한 결과 결정계수 R^2은 0.0304로 나타났다. 다음으로 직무스트레스에 대하여 직무중요성에 성취욕구를 포함하여 회귀분석을 실시한 결과 R^2은 0.0601이며 증가된 R^2 즉, ΔR^2은 0.0297이다. 같은 방식으로 조절효과를 검증하기 위하여 직무중요성과 성취욕구측정치의 곱으로 이루어진 상호작용항을 추가한 회귀분석 결과의 R^2 및 ΔR^2은 각각 0.1019, 0.0418로 나타났다. 본 연구에서 성취욕구의 조절효과가 존재하는지 존재하지 않는지에 대한 검증을 하기 위해 검증통계량을 계산한 결과 F=18.71로 유의수준 1%하에서 유의하였다.

따라서 상호작용항을 추가한 결과 직무중요성과 성취욕구의 상호작용효과(조절효과)는 존재하는 것으로 판단된다. 다시말해 직무중요성이 직무스트레스에 미치는 영향은 성취욕구에 의해 조절된다고 말할 수 있다.

유의적으로 나타난 직무스트레스와 직무중요성의 관계에서 성취욕구에 따라 하위집단으로 분류하여 별도의 회귀식을 산출해 낸 결과는 다음과 같다.

〈표4-34〉 低성취욕구에 따른 호텔직무스트레스와 호텔직무중요성과의
　　　　　단순회귀식

Variable	df	Parameter Estimate	Standard Error	t-value
Intercept	1	2.156	0.459	4.69***
직무중요성	1	0.248	0.143	1.73

*: $p < 0.10$, **: $p < 0.05$, ***: $p < 0.01$

〈표4-35〉 高성취욕구에 따른 호텔직무스트레스와 호텔직무중요성과의
　　　　　단순회귀식

Variable	df	Parameter Estimate	Standard Error	t-value
Intercept	1	3.668	0.196	18.66***
직무중요성	1	-0.257	0.052	-4.92***

*: $p < 0.10$, **: $p < 0.05$, ***: $p < 0.01$

　위 표에 제시된 직무스트레스와 직무중요성과의 단순회귀식의 의미
는 직무중요성의 인지도가 증가하더라도 低성취욕구를 가지고 있는 관
광호텔 종사원은 직무스트레스에 별로 영향을 미치지 않는다는 것이다.
이는 직무중요성의 회귀계수에 대한 t-value가 유의수준 10%하에서도
유의하지 않으므로 인하여 확인할 수 있다. 그러나 직무중요성의 인지
도가 증가할수록 높은 성취욕구를 가지고 있는 관광호텔 종사원은 직
무스트레스에 負(-0.257)의 영향을 미치는 것으로 나타났으며 이는 유
의수준 1%하에서 유의하다. 다시말해, 조직구성원과 고객으로부터 인정
받고 있으며, 직무에 만족하고 있는 것으로 판단된다.

〈표 4-36〉 피드백과 성취욕구의 조절효과

독립변수 \ 종속변수		직무스트레스		F
		R^2	ΔR^2	
연구변수	피드백	0.0126	·	7.28***
	성취욕구	0.0556	0.046	
	상호작용항	0.0724	0.0168	

*: $p < 0.10$, **: $p < 0.05$, ***: $p < 0.01$

〈표 4-36〉에 의하면 피드백과 직무스트레스의 관계에 대한 성취욕구의 조절효과에 대한 검증을 위해 직무스트레스를 종속변수로 하고 피드백과 성취욕구와 상호작용항을 독립변수로 첨가하는 회귀분석을 실시한 결과이다. 먼저 직무스트레스를 종속변수로 하고 피드백만을 독립변수로 한 회귀분석을 실시한 결과 결정계수 R^2은 0.0126으로 나타났다. 다음으로 직무스트레스에 대하여 피드백에 성취욕구를 포함하여 회귀분석을 실시한 결과 R^2은 0.0556이며 증가된 R^2 즉, ΔR^2은 0.046이다. 같은 방식으로 조절효과를 검증하기 위하여 피드백에 성취욕구측정치의 곱으로 이루어진 상호작용항을 추가한 회귀분석 결과의 R^2 및 ΔR^2은 각각 0.0724, 0.0168로 나타났다.

본 연구에서 성취욕구의 조절효과가 존재하는지 존재하지 않는지에 대한 검증을 하기 위해 검증통계량을 계산한 결과 F=7.28로 유의수준 1%하에서 유의하였다. 따라서 상호작용항을 추가한 결과 피드백과 성취욕구의 상호작용효과(조절효과)는 존재하는 것으로 판단된다.

유의적으로 나타난 직무스트레스와 피드백과의 관계에서 성취욕구에 따라 하위집단으로 나누어 별도의 회귀식을 산출해 낸 결과는 다음과 같다.

〈표 4-37〉 低성취욕구에 따른 호텔직무스트레스와 피드백과의 단순회귀식

Variable	df	Parameter Estimate	Standard Error	t-value
Intercept	1	2.818	0.40860	6.90***
피드백	1	0.035	0.12324	0.29

*: $p < 0.10$, **: $p < 0.05$, ***: $p < 0.01$

〈표 4-38〉 고성취욕구에 따른 호텔직무스트레스와 피드백과의 단순회귀식

Variable	df	Parameter Estimate	Standard Error	t-value
Intercept	1	3.194	0.221	14.42***
피드백	1	-0.132	0.060	-2.19***

*: $p < 0.10$, **: $p < 0.05$, ***: $p < 0.01$

위 표에 제시된 직무스트레스와 피드백과의 단순회귀식의 의미는 피드백의 인지도가 증가하더라고 低성취욕구를 가지고 있는 관광호텔 종사원은 직무스트레스에 별로 영향을 미치지 않는다는 것이다. 그러나 피드백의 인지도가 증가할수록 높은 성취욕구를 가지고 있는 관광호텔 종사원은 직무스트레스에 負의 영향을 미치는 것으로 나타났다.

〈표 4-39〉 호텔직무중요성과 재직기간의 조절효과

독립변수	종속변수	직무스트레스		F
		R^2	ΔR^2	
연구변수	직무중요성	0.0331	·	3.707*
	재직기간	0.0336	0.0005	
	상호작용항	0.0427	0.0091	

*: $p < 0.10$, **: $p < 0.05$, ***: $p < 0.01$

〈표 4-39〉에서는 직무중요성과 직무스트레스의 관계에 대한 재직기간의 조절효과에 대한 검증을 위해 직무스트레스를 종속변수로 하고

직무중요성과 재직기간과 상호작용항을 독립변수로 첨가하는 회귀분석을 실시한 결과이다. 먼저 직무스트레스를 종속변수로 하고 직무중요성만을 독립변수로 한 회귀분석을 실시한 결과 결정계수 R^2은 0.0331로 나타났다. 다음으로 직무스트레스에 대하여 직무중요성에 재직기간을 포함하여 회귀분석을 실시한 결과 R^2은 0.0336이며 증가된 R^2 즉, ΔR^2은 0.0005이다. 같은 방식으로 조절효과를 검증하기 위하여 자율성과 재직기간 측정치의 곱으로 이루어진 상호작용항을 추가한 회귀분석 결과의 R^2 및 ΔR^2은 각각 0.0427과 0.0091로 나타났다.

본 연구에서 재직기간의 조절효과가 존재하는지 존재하지 않는지에 대한 검증을 하기 위해 검증통계량을 계산한 결과 F=3.707로 유의수준 10%하에서 유의하였다. 따라서 상호작용항을 추가한 결과 직무중요성과 재직기간의 상호작용효과(조절효과)는 존재하는 것으로 판단된다.

제3절 호텔직무스트레스가 호텔조직성과에 미치는 효과

1. 가설 4의 검증

직무스트레스가 조직몰입과 이직의사에 영향을 미치는가에 대한 가설 3을 검증하기 위하여 직무스트레스를 독립변수로 하고 조직몰입과 이직의사를 각각 종속변수로 하는 다중회귀분석을 실시한 결과는 다음 표와 같다.

〈표 4-40〉 호텔직무스트레스와 조직몰입에 대한 회귀분석 결과

Variable	df	Parameter Estimate	Standard Error	t-value	R^2
Intercept	1	4.350	0.141	30.67***	0.1216
직무스트레스	1	-0.374	0.050	-7.48***	

*: p〈0.10, **: p〈0.05, ***: p〈0.01

위 직무스트레스와 조직몰입에 대한 회귀분석 결과 직무스트레스에 대한 회귀계수는 유의수준 1%하에서 통계적으로 유의하며 이는 조직몰입에 負(-0.374)의 영향을 미치는 것으로 판단된다. 즉, 직무스트레스의 인지도가 높을수록 조직몰입에 負의 영향을 미친다. 관광호텔 종사원의 직무스트레스가 증가하면 증가할수록 조직에 대한 집중력이 떨어진다는 것을 알 수 있다.

〈표 4-41〉 호텔직무스트레스와 이직의사 1 에 대한 회귀분석 결과

Variable	df	Parameter Estimate	Standard Error	t-value	R^2
Intercept	1	4.482	0.211	21.24***	0.0239
직무스트레스	1	-0.230	0.074	-3.10***	

*: p〈0.10, **: p〈0.05, ***: p〈0.01

위 직무스트레스와 이직의사1 에 대한 회귀분석 결과 직무스트레스에 대한 회귀계수는 유의수준 1%하에서 통계적으로 유의하며 이는 이직의사1 에 負(-0.230)의 영향을 미치는 것으로 판단된다. 이는 이직의사1 이 실질적으로 근무의사를 뜻하므로 직무스트레스의 인지도가 커질수록 근무의사에 대하여 負의 영향을 미치는 것이다.

〈표 4-42〉 호텔직무스트레스와 이직의사 2 에 대한 회귀분석 결과

Variable	df	Parameter Estimate	Standard Error	t-value	R^2
Intercept	1	1.236	0.221	5.58***	
직무스트레스	1	0.439	0.078	5.62***	0.0745

*: p〈0.10, **: p〈0.05, ***: p〈0.01

위 직무스트레스와 이직의사 2에 대한 회귀분석 결과 직무스트레스에 대한 회귀계수는 유의수준 1%하에서 통계적으로 유의하며 이는 이직의사 2 에 正(0.439)의 영향을 미치는 것으로 판단된다. 즉, 직무스트레스의 인지도가 높을수록 이직의사에는 正의 관계가 있는 것으로 나타났다. 관광호텔 종사원들은 직무스트레스가 증가하면 증가할수록 호텔을 이직할려고 하는 생각이 강하게 나타나고 있음을 알 수 있다.

2. 가설 5의 검증

직무스트레스에 대한 인지도와 결과변수간의 관계가 개인특성인 성취욕구, 성별, 연령, 재직기간에 의해서 어떻게 조절되는가를 알아보기 위하여 가설 5를 설정하였다.

〈표 4-43〉 조직몰입과 성취욕구의 조절효과

독립변수 \ 종속변수		조직몰입		F
		R^2	ΔR^2	
연구변수	직무스트레스	0.1216	·	
	성취욕구	0.2842	0.1626	3.398*
	상호작용항	0.2902	0.006	

*: p〈0.10, **: p〈0.05, ***: p〈0.01

〈표 4-43〉에서는 직무스트레스와 조직몰입의 관계에 대한 성취욕구의 조절효과에 대한 검증을 위해 조직몰입을 종속변수로 하고 직무스트레스와 성취욕구와 상호작용항을 독립변수로 첨가하는 회귀분석을 실시한 결과이다. 먼저 조직몰입을 종속변수로 하고 직무스트레스만을 독립변수로 한 회귀분석을 실시한 결과 결정계수 R^2은 0.1216으로 나타났다. 다음으로 조직몰입에 대하여 직무스트레스에 성취욕구를 포함하여 회귀분석을 실시한 결과 R^2은 0.2842이며 증가된 R^2 즉, ΔR^2은 0.1626이다. 같은 방식으로 조절효과를 검증하기 위하여 직무스트레스와 성취욕구측정치의 곱으로 이루어진 상호작용항을 추가한 회귀분석 결과의 R^2 및 ΔR^2은 각각 0.2902, 0.006으로 나타났다.

본 연구에서 성취욕구의 조절효과가 존재하는지 존재하지 않는지에 대한 검증을 하기 위해 검증통계량을 계산한 결과 F=3.398로 유의수준 10%하에서 유의하였다. 따라서 상호작용항을 추가한 결과 직무스트레스와 성취욕구의 상호작용효과(조절효과)는 존재하는 것으로 판단된다. 다시말해 직무스트레스가 조직몰입에 미치는 영향은 성취욕구에 의해 조절된다고 말할 수 있다.

유의적으로 나타난 조직몰입과 직무스트레스의 관계에서 성취욕구에 따라 하위집단으로 분류하여 별도의 회귀식을 산출해 낸 결과는 다음과 같다.

〈표 4-44〉 低성취욕구에 따른 조직몰입과 호텔직무스트레스와의 단순회귀식

Variable	df	Parameter Estimate	Standard Error	t-value
Intercept	1	2.900	0.328	8.83***
직무스트레스	1	-0.030	0.108	-0.28

*: $p < 0.10$, **: $p < 0.05$, ***: $p < 0.01$

〈표 4-45〉 高성취욕구에 따른 조직몰입과 호텔직무스트레스와의 단순회귀식

Variable	df	Parameter Estimate	Standard Error	t-value
Intercept	1	4.635	0.149	30.93***
직무스트레스	1	-0.442	0.054	-8.22***

*: p〈0.10, **: p〈0.05, ***: p〈0.01

〈표 4-46〉이직의사 1(근무의도)과 성취욕구의 조절효과

독립변수 \ 종속변수		이직의사 1		F
		R^2	ΔR^2	
연구변수	직무스트레스	0.0239	·	7.91***
	성취욕구	0.1578	0.1339	
	상호작용항	0.1745	0.0167	

*: p〈0.10, **: p〈0.05, ***: p〈0.01

〈표 4-46〉에서는 직무스트레스와 이직의사1 의 관계에 대한 성취욕구의 조절효과에 대한 검증을 위해 이직의사1 을 종속변수로 하고 직무스트레스와 성취욕구와 상호작용항을 독립변수로 첨가하는 회귀분석을 실시한 결과이다. 먼저 이직의사1 을 종속변수로 하고 직무스트레스만을 독립변수로 한 회귀분석을 실시한 결과 결정계수 R^2은 0.0239 로 나타났다. 다음으로 이직의사1 에 대하여 직무스트레스에 성취욕구를 포함하여 회귀분석을 실시한 결과 R^2은 0.1578이며 증가된 R^2 즉, ΔR^2은 0.1339이다. 같은 방식으로 조절효과를 검증하기 위하여 직무스트레스와 성취욕구측정치의 곱으로 이루어진 상호작용항을 추가한 회귀분석 결과의 R^2 및 ΔR^2은 각각 0.1745, 0.0167로 나타났다.

본 연구에서 성취욕구의 조절효과가 존재하는지 존재하지 않는지에 대한 검증을 하기 위해 검증통계량을 계산한 결과 F=7.91로 유의수준 1% 하에서 유의하였다. 따라서 상호작용항을 추가한 결과 직무스트레스와 성취욕구의 상호작용효과(조절효과)는 존재하는 것으로 판단된다.

다시말해 직무스트레스가 이직의사1에 미치는 영향은 성취욕구에 의해 조절된다고 말할 수 있다.

유의적으로 나타난 이직의사1 과 직무스트레스의 관계에서 성취욕구에 따라 하위집단으로 분류하여 별도의 회귀식을 산출해 낸 결과는 다음과 같다.

〈표 4-47〉 低성취욕구에 따른 이직의사 1과 호텔직무스트레스와의
　　　　　 단순회귀식

Variable	df	Parameter Estimate	Standard Error	t-value
Intercept	1	2.364	0.474	4.99***
직무스트레스	1	0.271	0.156	1.74*

*: $p < 0.10$, **: $p < 0.05$, ***: $p < 0.01$

〈표 4-48〉 高성취욕구에 따른 이직의사1과 호텔직무스트레스와의
　　　　　 단순회귀식

Variable	df	Parameter Estimate	Standard Error	t-value
Intercept	1	5.023	0.223	22.48***
직무스트레스	1	-0.374	0.079	-4.68***

*: $p < 0.10$, **: $p < 0.05$, ***: $p < 0.01$

제4절 실증분석결과 요약

1. 가설분석 결과 요약

가설 1의 분석 결과는 다음 〈표 4-49〉와 같다.

〈표 4-49〉 가설 1 분석결과

인구통계학적 특성	변 수	분석결과(통계적으로 유의)
성 별	호텔직무다양성	$(p<0.05)$
	호텔직무스트레스	$(p<0.05)$
연 령	피드백	$(p<0.10)$
	호텔직무다양성	$(p<0.05)$
	조직몰입	$(p<0.05)$
	이직의사 2	$(p<0.01)$
	성취욕구	$(p<0.10)$
현재직기간	호텔직무중요성	$(p<0.05)$
	조직몰입	$(p<0.01)$
	이직의사 2	$(p<0.01)$
	성취욕구	$(p<0.01)$
학 력	자율성	$(p<0.01)$
	호텔직무중요성	$(p<0.01)$
	피드백	$(p<0.10)$
	호텔직무스트레스	$(p<0.01)$
	조직몰입	$(p<0.01)$
	성취욕구	$(p<0.01)$

가설 2의 결과는 직무스트레스에 대한 직무특성의 상대적인 영향력의 정도는 직무다양성은 正의 영향을 미치고, 반면 자율성·직무중요성·피드백은 負의 영향을 미치는 것으로 〈표 4-50〉와 같이 나타났다.

〈표 4-50〉 가설 2의 내용 및 결과

가설	가 설 내 용	분석결과
2-1	호텔직무다양성은 호텔직무스트레스에 負의 영향을 미친다	正의 영향
2-2	호텔직무중요성은 호텔직무스트레스에 負의 영향을 미친다	負의 영향
2-3	자율성은 호텔직무스트레스에 負의 영향을 미친다	負의 영향
2-4	피드백은 호텔직무스트레스에 負의 영향을 미친다	負의 영향

〈표 4-51〉 가설 3의 내용 및 결과

가 설	조절변수	종속변수	직무스트레스
3-1	호텔직무다양성	성취욕구	
3-2		성별	
3-3		연령	
3-4		재직기간	
3-5	호텔직무중요성	성취욕구	조절된다
3-6		성별	
3-7		연령	
3-8		재직기간	조절된다
3-9	자 율 성	성취욕구	
3-10		성별	
3-11		연령	
3-12		재직기간	
3-13	피 드 백	성취욕구	조절된다
3-14		성별	
3-15		연령	
3-16		재직기간	

가설 3의 조절효과의 분석결과를 요약해 보면 직무특성-직무스트레스 관계의 개인특성 조절효과는 〈표 4-51〉과 같다.

〈표 4-51〉에 의하면 조절효과는 3가지이며, 개인적 특성의 경우에서 성취욕구는 직무중요성과 피드백에서 2가지, 재직기간은 직무중요성에서 1가지가 직무스트레스에 영향력을 미치고 있으며, 성별과 연령에서는 직무특성과 상호작용하여 직무스트레스에 모두 영향력이 없는 것으로 나타났다.

가설 4의 결과는, 직무스트레스는 조직몰입과 이직의사 1에는 負의 영향을, 반면 이직의사 2에는 正의 영향을 미치는 것으로 〈표 4-52〉와 같이 밝혀졌다.

〈표 4-52〉 가설 4의 내용 및 결과

가설	가　설　내　용	분석결과
4-1	호텔직무스트레스는 조직몰입에 負의 영향을 미칠 것이다.	負의 영향
4-2	호텔직무스트레스는 이직의사 1에 負의 영향을 미칠 것이다.	負의 영향
4-3	호텔직무스트레스는 이직의사 2에 正의 영향을 미칠 것이다.	正의 영향

　가설 5의 분석결과를 요약해 보면 직무스트레스 - 조직성과 관계의 개인특성 조절효과는 〈표 4-53〉과 같다. 이 표에 의하면 조절효과는 2가지 경우에 조절되고 있으며, 조직몰입에서는 성취욕구가 직무스트레스와 상호작용하여 조직몰입에 영향을 미치는 것으로 나타났다. 이직의사 1 에서도 성취욕구가 직무스트레스와 작용하여 영향을 미치는 것으로 나타났다.

〈표 4-53〉 가설 5의 내용 및 결과

가　설	조절변수　　　종속변수	조직몰입
5-1	성취욕구	조절된다
5-2	성별	
5-3	연령	
5-4	재직기간	

〈표 4-53〉 가설 5의 내용 및 결과

가　설	조절변수　　　종속변수	이직의사 1
5-5	성취욕구	조절된다
5-6	성별	
5-7	연령	
5-8	재직기간	

〈표 4-53〉 가설 5의 내용 및 결과

가 설	조절변수 　　　　　 종속변수	이직의사 2
5-9	성취욕구	
5-10	성별	
5-11	연령	
5-12	재직기간	

2. 분석결과 종합토의 및 시사점

성별에 따른 분석에서는 직무다양성과 직무스트레스 요인에 있어서 통계적으로 유의한 결과가 나타났다. 즉, 관광호텔의 여성종사원들이 남성종사원들보다 더욱 많은 호텔업무를 소화해야 한다고 느끼고 있는 것으로 나타났다. 이것은 호텔업무가 육체적으로 힘들고 집중력을 요구하는 업무인 관계로 여성종사원들이 힘들어 하는 것으로 생각된다.

남성 종사원들이 여성들보다 많은 직무스트레스를 경험하고 있는 것은 家長으로서의 경제적 책임감을 많이 느끼고 있다고 하겠다. 기혼자와 미혼자를 구분하여 공휴일에는 기혼자들이 가족과 함께 시간을 보낼 수 있도록 호텔업무스케줄을 편성하는 것도 호텔종사원의 직무스트레스를 완화시킬 수 있는 사회적지원의 하나라고 사료된다.

연령에 따른 분석에서는 피드백, 직무다양성, 조직몰입, 이직의사 2, 성취욕구 요인에 있어서 통계적으로 유의미하였다. 대체로 호텔종사원의 연령이 많으면 많을수록 조직몰입도가 높으며 이직의도는 떨어지고 성취욕구는 높은 것으로 분석되었다.

나이가 많은 호텔종사원을 나이가 어린 호텔종사원의 후견인으로 임명하여 나이어린 호텔종사원이 호텔업무에 빨리 적응할 수 있도록 도우는 도우미제도나 후견인제도를 활용하는 것도 좋은 방안이 될 수 있을 것으로 사료된다.

재직기간에 따른 분석은 직무중요성, 조직몰입, 이직의사 2, 성취욕구에서 통계적으로 유의미한 결과가 도출되었다. 대체적으로 호텔종사원으로서의 재직기간이 길면 길수록 호텔업무가 중요하다는 사실을 더 많이 느끼고 있으며 조직몰입도도 높았고, 이직의도는 떨어지고 성취욕구는 강한 것으로 나타났다. 이것은 연령과도 상관관계가 있는 것으로 생각되며 예전과는 달리 호텔직을 바라보는 사회의 시선도 많이 유연해 졌다는 것을 의미한다.

최근에는 대기업의 부회장을 지낸 사람이 관광호텔의 접객직종사원인 웨이터를 할 정도로 호텔종사원들의 사고방식도 옛날과는 다른 양상을 띠고 있는 것으로 사료된다. 호텔종사원들이 오래 근무할 수 있는 분위기를 만들어 나가며 장기근속 자에게는 포상여행이나 해외연수의 혜택을 지속적으로 확대해 나가는 것이 바람직하다고 사료된다. 또한 현 관광호텔 재직기간 16년 이상은 이직의도가 매우 낮으나, 4~6년 사이의 호텔종사원들의 경우 이직의도가 제일 높은 것으로 나타났다. 이는 한창 의욕적으로 일할 나이의 호텔종사원들이 가장 이직의도를 많이 느끼는 것으로 나타나, 이들이 느끼는 직무스트레스와 이직의도가 관광호텔의 성과에 지대한 영향을 미친다는 사실이다. 그러므로 재직기간 4년~6년의 호텔종사원들의 이직의도에 관한 관리가 호텔의 성과에 매우 중요한 요인임을 시사하고 있다.

학력에 따른 분석에서는 자율성, 직무중요성, 피드백, 직무스트레스, 조직몰입, 성취욕구에서 통계적으로 유의미한 결과를 나타내었다. 일반적으로 학력이 높으면 높을수록 자율적으로 호텔업무를 처리할려고 하는 성향이 강하게 나타났으며, 자신의 호텔업무가 상당히 중요한 비중을 차지하고 있다고 믿고 있으며 학력이 낮은 호텔종사원들보다 직무스트레스를 덜 느끼고 있으며 반면, 조직몰입도는 더 높았고 성취욕구도 강한 것으로 드러났다.

이것은 시대가 변하면서 호텔리어에 대한 사회적 이미지나 인식이 계속적으로 좋아지고 있는것과 상관이 있는 것으로 사료된다. 특히 특급관광호텔은 학력이 높은 종사원들이 진취적인 사고방식으로 호텔업무에 최선을 다하고 있는 것으로 여겨진다. 관광호텔 접객업무직에 학력이 높은 종사원을 현재보다 많은 비율로 채용하는 것이 관광호텔 접객업무의 서비스질을 한단계 끌어올리는 것으로 사료된다.

관리적 시사점을 다음과 같이 밝힌다.

첫째로 직무특성 중에서 직무중요성, 자율성, 피드백은 직무스트레스에 負의 영향을 미치는 것으로 분석되었고, 직무다양성은 正의 영향을 미치는 것으로 분석되었다.

따라서 직무다양성이 크면 클수록 관광호텔 종사원의 직무스트레스가 높아지는 것을 볼 수 있으며, 반면에 직무중요성, 자율성, 피드백의 인지도가 클수록 관광호텔 종사원의 직무스트레스가 낮아지는 것을 알 수 있다.

둘째로 직무특성이 직무스트레스에 미치는 효과는 개인적 특성에 의해서 조절되는 경우가 3가지로 분석되었다.

직무특성 中, 2가지 경우에 있어서 직무중요성과 성취욕구의 상호작용항을 추가한 조절효과 결과는 높은 성취욕구의 관광호텔 종사원에게 직무스트레스에 더욱 강한 負의 영향을 미치고, 피드백과 성취욕구의 상호작용항을 추가한 조절효과 결과 유의적으로 분석되었는데 이것은 직무스트레스에 負의 영향을 미쳤다. 그러므로 직무스트레스에 상호작용효과가 존재하는 것으로 나타났다.

또한 직무특성 中, 직무중요성과 현재직기간의 상호작용항을 추가한 조절효과 결과 유의적으로 분석되었는데 이는 직무스트레스에 負의 영향을 미치며, 직무스트레스에 상호작용효과가 존재하는 것으로 분석되었다.

그 외에 성취욕구, 성별, 연령, 현재직기간에 대한 상호작용항을 추가한 조절회귀분석 결과, 유의적으로 분석된 경우가 없는 것으로 나타났는데 이것은 관광호텔 종사원의 직무스트레스에 대한 조절효과가 없는 것으로 나타났다.

셋째로 관광호텔 종사원의 직무스트레스는 조직몰입과 이직의사 1에는 負의 영향을, 이직의사 2에는 正의 영향을 미치는 것으로 분석되었다.

직무스트레스에 대한 조직몰입은 직무스트레스의 인지도가 높으면 높을수록 조직몰입에 負의 영향을 미치는 것으로, 이직의도는 직무스트레스의 인지도가 높으면 높을수록 이직의도는 正의 관계가 있는 것으로 나타났다.

넷째로 관광호텔 종사원의 직무스트레스가 조직몰입과 이직의도에 미치는 효과는 개인적 특성에 의해서 조절되는 경우가 2가지로 분석되었다.

직무스트레스와 성취욕구의 상호작용항을 추가한 조절효과 결과 유의적으로 분석되었는데, 이는 직무스트레스가 증가할 경우에 조직몰입에 負의 영향을 미치는 상호작용효과가 존재하는 것으로 분석되었다. 또한 직무스트레스와 성취욕구의 상호작용항을 추가한 조절효과 결과, 유의적으로 분석되었는데 이것은 직무스트레스가 증가할 경우에 이직의사 1에 負의 상호작용 조절효과가 있는 것으로 분석되었다.

인구통계요인에서 성취욕구, 연령은 직무스트레스에 負의 영향을 미치는데 이는 성취욕구가 강하면 강할수록 호텔업무를 수행하는 즐거움을 가지고 있으며, 호텔업무 수행의 만족으로 직무스트레스에 負의 영향을 미치고, 호텔종사원의 연령이 많아지면 직무스트레스에 負의 영향을 미치는데 이것은 특급호텔의 직무설계가 잘 되어 있음을 볼 수 있고, 연령은 현재 재직하고 있는 상태가 다른 대안을 찾는 것 보다 더 만족한 수준임을 나타내고 있다. 또한 같은 직무에 오래도록 종사하는 것이 직무스트레스를 덜 느낀다고 하겠다.

관광호텔 종사원이 경험하는 직무스트레스는 그 자신의 개인적인 특성에 연유되는 것이라고 하더라도 중간관리자와 최고경영자의 효과적인 助言을 통해 호텔종사원들을 도울 수 있다는 사실을 알아야 하고, 중간관리자와 최고경영자는 종사원에게 기대하는 바의 호텔업무를 분명히 함으로써 호텔종사원의 호텔직무스트레스를 줄일 수 있다고 본다. 그리고 호텔종사원의 호텔업무를 공식화, 표준화할 수 있는 ISO 9001의 호텔서비스 품질인증을 취득함으로써 호텔종사원의 호텔업무가 중복됨이 없이 함으로써 각 호텔종사원들의 업무갈등을 줄일 수 있을 것이다.

직무다양성의 인지도가 높을수록 직무스트레스가 높아지는 것을 볼 수 있고, 반면에 직무중요성·자율성·피드백의 인지도가 높을수록 직무스트레스가 낮아지는 것을 본 연구를 통하여 밝혔다. 관광호텔 종사원의 호텔업무는 고객에 대한 다양한 접객서비스로 서비스품질의 수준을 높이려고 노력하고 있는데 여기에 더 높은 수준의 다양한 서비스를 요구하는 것은 관광호텔 종사원에게 직무스트레스의 인지도를 높이는 것으로 작용했을 것이라고 사료된다.

또한 어떤 호텔종사원이 처리해야 할 업무인가에 대한 직무설계가 되어 있지 않은 상태에서 직무가 많아진다고 하는 것은 직무스트레스를 높이고 조직몰입도를 떨어뜨리며 이직의도로 표출될 것이다.

자율성은 고객에게 서비스를 하면서 종사원 스스로가 고객에 대한 서비스를 어떻게 할 것인가를 판단하고 결정을 내리게 함으로써 직무스트레스를 줄일 수 있다.

이것은 호텔서비스가 매일 반복되는 업무이므로 호텔종사원들이 매너리즘에 빠지지 않도록 책임과 권한을 동등히 부여함으로써 업무에 창의성을 두도록 해야 한다.

업무에 대한 자율권과 재량권에 관한 내용은 서비스 교육을 통하여 관광호텔 종사원들이 알도록 하여야 한다. 직무중요성은 관광호텔 종사원들이 자신의 호텔업무가 관광호텔의 경영목표 달성에 지대한 공헌을 하고 있다는 자부심을 심어주면 줄수록 호텔직무스트레스는 낮아진다는 사실을 알 수 있다.

피드백은 호텔서비스 업무가 요구하고 있는 활동의 수행결과에 대하여 호텔종사원 각자가 그 효과성 여부에 대하여 직접적이고 명확한 정보를 얻을 수 있는 정도가 크면 클수록 호텔직무스트레스가 낮아지는 것을 볼 수 있다. 그러므로 호텔종사원 스스로 호텔서비스 직무의 효과 유효성에 대한 정보를 얻을 수 있도록 중간관리자의 역할이 중요하다고 할 수 있다.

또한 고객이 제언, 평가, 불평을 쉽게 할 수 있는 제도를 마련하고 여기서 수집된 자료를 호텔종사원이 쉽게 접할 수 있도록 하여야 한다. 호텔 로비 곳곳에 고객의견함이나 고객의견서, 고객불평 기록카드를 비치하여 고객이 쉽게 제언이나 평가, 불평을 할 수 있도록 하여야 하고, 이를 호텔종사원에게 공개하거나 숙지하도록 하는 방안이 필요하다고 판단된다.

또한 최근에 기술적 환경의 변화로 각 호텔들은 사이버공간에 홈페이지를 개설하여 온라인을 통한 호텔 광고 및 홍보, 안내, 예약 등을 하고 있다. 호텔의 홈페이지를 이러한 용도 뿐만 아니라 고객과 호텔종사원이 제언, 평가, 불평 등을 건의할 수 있는 기능을 확대, 강화하거나 가장 눈에 잘 보이는 곳에 위치시킴으로써 인터넷을 이용한 커뮤니케이션 피드백을 강화할 필요가 있다. 이를 통해서 관광호텔은 고객과 호텔종사원의 욕구와 필요에 부응하고, 문제해결을 위해 노력하는 호텔로서의 이미지를 구축할 수 있으리라고 판단된다.

직무특성이 직무스트레스에 미치는 조절효과에서 직무중요성과 성취욕구가 상호작용하여 유의적으로 나타났는데, 이것은 관광호텔 종사원 스스로가, 호텔서비스가 중요한 직무이고 이 직무가 호텔구성원 및 고객에게 많은 영향을 미친다는 사실을 인지하고 있을 때, 즉 직무중요성이 증가할수록 고차원의 성취욕구가 상호작용하여 직무스트레스를 인지하는데 負의 영향을 미치는 것으로 판단된다. 호텔업무에 대한 책임과 호텔구성원을 의식하기보다는 봉사한다는 의식이 있어야 한다고 생각된다.

직무특성이 직무스트레스에 미치는 조절효과에서 피드백과 성취욕구도 상호작용하여 유의적으로 나타났는데 이것은 호텔업무의 결과에 대한 명확한 정보와 성취욕구가 상호작용하여 직무스트레스를 인지하는데 負의 영향을 미치는 것으로 판단된다. 곧바로 결과에 대한 인식이 필요할 때도 있겠지만 1개월 단위로 결과를 인식하도록 하여 너무 결과에만 집착하지 않는 호텔업무가 되도록 고려하여야 한다고 사료된다.

직무특성이 직무스트레스에 미치는 조절효과에서 직무중요성과 재직기간도 상호작용하여 유의적으로 나타났는데, 이는 호텔종사원들이 자신의 호텔업무를 중요하게 생각하면서 재직기간과 상호작용하여 호텔직무스트레스를 인지하는데 負의 영향을 미치는 것으로 판단된다. 호텔업무에 자부심을 느끼는 재직기간이 오래된 호텔종사원 일수록 직무스트레스를 인지하는데 負의 영향을 미친다. 재직기간이 오래된 호텔종사원을 사내강사로 임명하여 내부교육을 실시하는 것도 바람직하다고 사료된다. 또한 재직기간이 오래된 호텔종사원들이 직무중요성을 더욱 높게 인지하도록 근무여건을 개선해주거나 호텔부담으로 매년 종합검진을 실시하여 호텔종사원들의 직업병을 사전에 예방할려는 노력을 기울여야 한다.

직무스트레스는 조직몰입과 이직의사 1(근무의도)에는 負의 영향을, 이직의사 2(이직의도)에는 正의 영향을 미치는 것으로 나타났는데, 이는 과다한 직무스트레스는 호텔조직에 충성하며 호텔조직 성과를 위하여 노력하고, 호텔조직에 소속하여 남아있으려는 강한 의지가 없어지는 결과를 초래하게 되며, 호텔조직에서 떠나려고 하는 의지가 강하게 작용하는 것으로 풀이된다. 관광호텔 종사원의 호텔직무스트레스에 대하여 호텔경영자와 중간관리자는 새로운 시각에서 접근하여 호텔종사원들이 호텔직무스트레스를 해소하는 방안을 全社的으로 고려하여야 한다. 호텔종사원의 직무스트레스는 고객접점에서의 서비스품질에 악영향을 미칠 것이고 그것은 호텔조직에 부정적인 효과를 가져올 것이다.

그러므로 호텔조직 차원에서 호텔종사원에 대한 사회적 지원이 필수적이다. 호텔종사원 가족을 호텔로 초청하여 연회를 열고, 그들의 지원을 이끌어 낼 수 있도록 해야 한다.

또한 호텔조직은 호텔종사원들이 그들의 직무스트레스를 보다 효과적으로 처리할 수 있는 프로그램을 제시하여야 하며, 호텔경영자는 호텔종사원의 직무스트레스를 극복하기 위한 보다 효과적인 내부고객 만족 기법을 개발하여야 한다. 그리고 접객과정에서 발생하는 직무스트레스는 서비스의 질과 고객만족에 직접적인 영향을 미치므로 지배인 혹은 경험이 많은 관리자로 하여금 접객과정에서 발생할 수 있는 상황을 예시하여 이에 대응하는 요령이나 話術을 교육하는 것도 좋은 방법이 될 것이다.

호텔조직 차원에서 호텔종사원 직무스트레스 관리프로그램을 개발하여 지속적인 社內敎育을 통하여 호텔종사원의 직무스트레스를 관리해 나가야 우수한 접객직종사원을 유치할 수 있으며, 수준높은 서비스를 제공함으로써 호텔기업의 목표도 달성할 수 있을 것으로 여겨진다.

조직몰입에 대한 직무스트레스와 성취욕구의 상호작용 하에서는 호텔업무에 대한 직무스트레스가 증가하는데 성취욕구와 상호작용하여 조직몰입에 負의 영향을 미치는 것으로 나타났다. 그러므로 조직몰입도를 끌어올리기 위해서는 호텔종사원의 성취욕구를 높일 수 있는 직무설계가 필수적이라고 할 수 있다.

이직의사 1에 대한 직무스트레스와 성취욕구의 상호작용 하에서는 접객업무에 대한 직무스트레스가 증가하면 할수록 성취욕구와 상호작용하여 이직의사 1에 負의 영향을 미치는데, 이것은 직무스트레스는 증가하는데 목표에 대한 달성을 성취하고자 노력하는 가운데, 목표달성을 이루지 못했을 경우에 호텔조직을 떠나고 싶은 생각이 증가하고 있음을 보여주고 있다. 호텔경영자는 호텔종사원이 너무 많은 직무스트레스를 느끼고 있으면 생산성과 접객서비스 품질이 저하된다는 사실을 알아야 한다.

제5장 결 론

본 연구는 관광호텔 종사원의 호텔직무특성이 호텔직무스트레스, 조직몰입, 이직의사에 미치는 효과를 연구하려는 것으로 호텔직무특성과 호텔직무스트레스와 결과요인과의 관계를 분석하기 위하여 다음과 같은 내용의 연구를 수행하였다.

첫째, 직무스트레스에 관한 문헌적 고찰을 통하여 직무스트레스에 영향을 미치는 요인이 무엇이며, 직무스트레스의 변화가 개인적 행동과 조직성과에 미치는 효과를 검토하였다.

둘째, 관광호텔 종사원의 인구통계학적 특성에 따라서 호텔직무특성, 호텔직무 스트레스, 조직몰입, 이직의사, 성취욕구는 차이가 있는지를 검증하였다.

셋째로는 본 연구의 목적을 달성하기 위하여 직무특성이 직무스트레스에 미치는 효과와 두 변수간의 관계가 개인특성에 따라 차이가 있는지 즉, 조절효과가 있는가를 실증분석하였다. 또한 직무스트레스에 따른 조직몰입과 이직의사의 관계에 대해서도 실증분석하였다.

넷째, 문헌적 고찰과 실증분석 결과를 바탕으로 직무스트레스와 이직의사를 저하시키고 조직몰입을 제고시키기 위한 직무스트레스에 대한 관리적 시사점을 제시하였다.

본 연구는 서울시내 특급 관광호텔에 근무하고 있는 종사원으로 한정하였고 호텔종사원의 직무스트레스의 측정을 위하여 설문지를 이용하고 신뢰성과 타당성을 제시한 후에 가설검증결과를 제시하였다.

　이상의 내용을 요약하면 직무특성이 직무스트레스에 긍정적인 영향을 미치도록 하여야 하며, 직무스트레스는 조직몰입과 이직의사 1에는 正의 영향을, 이직의사 2에는 負의 영향을 미치도록 호텔업무설계를 함으로써 호텔종사원들이 과도한 직무스트레스가 아닌 적정한 직무스트레스를 느끼도록 하여야 한다.

　이렇게 하기 위해서는 호텔조직의 목표와 호텔종사원의 욕구가 만족되도록 호텔경영자는 호텔업무의 내용과 근무방법을 설정하여야 한다. 현재 관광호텔의 근무시간일정은 타 기업에 비해서 대체로 다양한 편이지만 관광호텔종사원 입장보다는 호텔고객의 증감에 따라 근무일정을 계획하다보니 관광호텔 종사원들은 육체적·정신적으로 피곤이 쌓여가게 된다. 그러므로 근무일정 계획과정에 호텔종사원들이 참여할 수 있는 폭을 넓혀야 할 것으로 보인다.

　구체적으로 접객업무순환과 업무시간의 자유선택제인 유동시간제, 접객업무의 질적 확대를 의미하는 직무충실화, 목표관리, 호텔종사원이 참여하는 의사결정, 상호인사고과, 후견인제, 제안제도 등을 도입하여 활용하도록 하여야 할 것이다. 그러므로 직무환경과 개인적 요소를 고려한 적절한 호텔종사원 관리기법이 요구된다. 개인특성의 조절효과에서는 성취욕구가 강한 호텔종사원이 직무스트레스를 적게 인지하는 것으로 나타났으므로 호텔종사원들의 성취욕구를 향상시키기 위한 자율성을 부여하고 원활한 호텔 업무피드백이 필수적이며 목표관리를 하는 것이 바람직하다.

　호텔종사원을 선발할 때에는 성취욕구가 강한 사람을 뽑을 수 있는 성취욕구도 검사를 필수적으로 실시하여 높은 점수를 나타내는 사람을 채용함으로써 호텔종사원들의 조직몰입도는 높이고 이직의도는 줄일 수 있을 것이다. 기존의 호텔종사원들에게는 성취욕구를 강화할 수 있는 카네기 훈련을 실시하는 것도 좋은 방안이 될 것이다.

설문지 상에서, 직무스트레스의 요인 중 직무특성만을 규명하고 직무스트레스의 결과변수 중에서도 조직몰입과 이직의사를 설정하고 항목별로 구분하여 규명하였는데 각 변수의 항목을 추가하는데는 한계가 있었다.

본 연구는 설문지 작성 및 배포·회수 과정에서 호텔종사원을 정규직과 비정규적으로 구분하여 분석하지 못한 점이 있으며, 직무스트레스로 인한 이직의사가 실제 이직으로 얼마나 실현되었는지와 시간적·경제적 한계로 인하여 서울지역 특급호텔만을 대상으로 하였다는 점과 표본추출의 절차가 한계점으로 지적될 수 있다. 차후의 연구과제로는 일반적인 관광호텔 종사원이 아닌 접객직 종사원만을 연구대상으로 한 호텔직무스트레스 관리 연구가 후속연구로 이루어졌으면 한다. 왜냐하면 호텔종사원이라고 하더라도 접객직종사원들의 업무특성은 구체적이고 독특하게 나타날 수 있을 것이기 때문이다.

참 고 문 헌

1. 국내문헌

(1) 저서 및 단행본

강정대, 현대경영조직론, 박영사, 1985.

고흥화·김현수·백영승, 산업 및 조직심리학, 학문사, 1986.

권태영 외, 호텔경영과 실무, 기문사, 2001.

김광철, 호텔객실 경영과 실무, 대왕사, 2002.

김남현, 조직행동론, 경문사, 1985.

김봉규, 신호텔인사관리론, 백산출판사, 1998.

김수곤·양병무, 제조업 공용실태와 인력관리, 한국경영자총협회, 1991

김순화·금명자, 스트레스 그 원인과 대책, 적성출판사, 1985.

김식현, 인사관리론, 무역경영사, 1991.

김재민·신현주, 新호텔경영론, 대왕사, 1997.

김종재, 조직행위론, 박영사, 1988.

김규정, 新행정학원론, 법문사, 1986.

김영준, 호텔실무론, 대왕사, 1999.

김왕상·신강현, 호텔객실실무관리론, 대왕사, 2001.

김유진, 심리학과 일상생활, 형설출판사, 1992.

김의근 외, 호텔경영학개론, 백산출판사, 2000.

김일채·박대환, 호텔객실영업론, 백산출판사, 2000.

김진구·정상택, 이야기로 만나는 스트레스, 형설출판사, 1999.

김진섭, 호텔경영학, 대왕사, 1994.

김충호, 현대 서비스론, 형설출판사, 1995

남중헌, 조직사회의 근본문제, 형설출판사, 1990.

레져산업진흥연구소, 호텔용어사전, 백산출판사, 1999.

박내회, 조직행동론, 박영사, 1997.

박영배, 조직행위론, 법문사, 1995.

박운성, 현대인사관리, 형설출판사, 1998.

박운성, 현대조직행동론, 박영사, 1988.

서동해, 2001 한국 관광호텔 가이드, (주)HR, 2001

신유근, 조직행위론, 다산출판사, 1991.

신재영·송성인, 최신호텔경영론, 백산출판사, 2000.

신철우, 조직행동론, 문영사, 1998.

양운섭, 산업경영심리학, 형설출판사, 1991.

양창삼, 조직행동의 이해, 법문사, 1994.

오승일, 식음료사업경영, 백산출판사, 1997.

원융희, 호텔학원론, 학현사, 1999.

월간 호텔 & 레스토랑, 2002년 4월호.

유기현, 스트레스관리, 무역경영사, 1997.

유정남, 호텔경영론, 기문사, 1998.

유종해, 현대조직관리, 박영사, 1989.

이경희, 현대인적자원관리, 민영사, 2000.

이기문, 동아 새국어사전, 동아출판사, 1991.

이장춘, 통일과 관광정책, 대왕사, 1997.

이정학, 서비스경영, 기문사, 2001.

이종목, 직무스트레스의 원인·결과 및 대책, 성원사, 1999.

이종학, 조직행동론, 세경사, 2000.

이한검, 인간행동론, 형설출판사, 1999.

이항구, 관광법리학논총, 백산출판사, 1993.

이희천 · 신정화, 호텔경영론, 형설출판사, 1999.

정경섭, 조직행동론, 법문사, 1986.

정영해 · 이후석 · 김순홍, 관광통계분석, 2000.

정찬종, 서비스산업론, 백산출판사, 1995.

조병태, 인사관리, 동아대학교 출판부, 1995.

채서일, 사회과학조사방법론, 학현사, 1992.

최대웅, 외식산업경영론, 백산출판사, 1998.

최풍운, 호텔실무, 백산출판사, 1998.

추헌, 조직행동론, 형설출판사, 1994.

허철부, 조직행동론, 형설출판사, 1995.

(2) 연구논문

강인호, 관광호텔종사원의 직무 및 생활스트레스가 서비스질과 자발적 조
　　　직행동에 미치는 영향, 국민대학교 대학원 박사학위논문, 1993.

권상철, 직무스트레스 요인이 조직유효성에 미치는 영향에 관한 연구, 한양
　　　대학교 대학원 박사학위논문, 1991.

김광철, 관광호텔종사원의 직무특성이 직무스트레스에 미치는 효과에 관한
　　　연구 상지대학교 대학원 박사학위논문, 2000.

김문석, 직무스트레스에 관한 모형설정 연구, 고려대학교 대학원 박사학위
　　　논문, 1990.

김재봉, 종업원들의 직무스트레스에 대한 인지평가가 조직유효성에 미치는
　　　영향에 관한 연구, 전북대학교 대학원 박사학위논문, 1993.

김재억, 관광호텔종사원의 직무스트레스가 직무성과에 미치는 영향에 관한
　　　연구 경기대학교 대학원 석사학위논문, 1994.

김정희, 지각된 스트레스 · 인지세트 및 대처방식의 우울에 대한 작용, 서울
　　　대학교 대학원 박사학위논문, 1987.

김영철, 식음료 서비스종사자의 직무스트레스와 이직의도 연구, 경기대학교

대학원 박사학위논문, 2002.

김형철, 호텔관리자의 리더쉽스타일과 직무성과와의 관계에 관한 실증적 연구 동아대학교 대학원 석사학위논문, 1993.

박만순, 경찰공무원 직무스트레스가 이직에 미치는 영향, 서울대학교 대학원 석사학위논문, 2000.

박정아, 관광업체 종사원의 커뮤니케이션과 직무스트레스가 조직몰입에 미치는 영향, 대한관광경영학회 관광연구 Vol 5, 1995

배무환, 직무스트레스의 대처전략에 관한 실증적 연구, 중앙대학교 대학원 박사학위논문, 1988.

서동범, 경력스트레스가 조직몰입과 직무만족에 미치는 영향에 관한 실증적 연구, 한남대학교 대학원 박사학위논문, 1995.

송대현·이종목, 직무스트레스와 직무만족과의 관계에 대한 이론적 고찰, 전남대학교논문집, 1986.

송병선, 직무스트레스가 직무만족과 이직성향에 미치는 영향에 관한 연구, 경희대학교 대학원 박사학위논문, 1996.

안관영, 인적특성·직무특성 및 조직특성에 따른 이직관리방안에 관한 연구, 인하대학교 대학원 박사학위논문, 1992.

양진환, 사회적 지원과 성격특성이 직무스트레스와 직무태도에 미치는 영향, 성균관대학교 대학원 박사학위논문, 1991.

오석윤·정규엽, 관리자의 서비스품질 몰입에 의한 권한강화와 호텔 일선 직원의 역할 및 직무만족이 서비스품질에 미치는 영향, 호텔경영학연구, 2002.

유정남·이영재·이용기, 호텔기업의 서비스지향성이 종업원만족에 미치는 영향, 관광학연구, 2000.

윤정헌, 호텔접객직 종사원의 직무스트레스에 관한 연구, 동아대학교 대학원 석사학위논문, 1993.

이선규, 직무스트레스 유발요인·대처전략과 조직구성원의 태도에 관한 실증적 연구, 성균관대학교 대학원 박사학위논문, 1991.

이성희, 관광호텔 종사원의 직무스트레스에 관한 연구, 경기대학교 대학원 박사학위논문, 2001.

이우천, 병원종사자의 직업성 스트레스에 관한 연구, 서울대학교 대학원 박사학위논문, 1997.

이형호, 지방공무원의 직무스트레스와 직무성과와의 관계에 관한 연구, 경남대학교 대학원 박사학위논문, 1998.

임성식, 직무스트레스 요인과 지방공무원의 직무만족간의 관계에 관한 연구, 청주대학교 대학원 박사학위논문, 1997.

전재균·이철우, 호텔기업에 있어서 조직구성원의 임파워먼트가 직무만족과 이직의도에 미치는 영향에 관한 연구, 호텔경영학연구, 2001.

정영만, 직무스트레스 요인이 조직몰입에 미치는 영향에 관한 실증적 연구 동아대학교 대학원 박사학위논문, 1999.

정승언, 직무스트레스에 대한 사회적 지원의 역할, 인하대학교 대학원 박사학위논문, 1992.

조영호·오철환, 직무스트레스가 직무몰입도와 조직애착도에 미치는 영향, 한국 경영학회 경영학연구, 1985.

최무애, 호텔서비스품질에 영향을 미치는 조직내부요인에 관한 연구, 세종대학교 대학원 박사학위논문, 1996.

최복수·이상경, 호텔종사원의 직무특성이 직무만족에 미치는 영향, 호텔경영학연구, 2002.

허원배, 직무스트레스의 영향과 대처전략에 관한 연구, 원광대학교 대학원 박사학위논문, 1996.

한광현, 직무스트레스에 관한 실증적 연구, 건국대학교 대학원 박사학위논문, 1992.

홍승만, 직무스트레스와 직무만족간 영향요인의 전략적 활용방안, 배재대학교 대학원 박사학위논문, 2000.

2. 국외문헌

Angle, H. L., J. L. Perry, *Dual Commitment and Labor-Management Relationship Climates*, Academy of Management Journal, Vol. 29, No. 1, 1986.

Barney, J. B., R. W. Giffin, *Management of Organizational Behavior*, Houghton-Mifflin, 1992

Baron, R. M., and D. A. Kenney, *The Moderator-Distinction in Social Psychology Research: Conceptual, Strategic, and Statistical Considerations*, Journal of Personality and Social Psychology, Vol. 51, No. 6, 1986. pp.1173~1182.

Bass, B. M., *Stodgily Handbook of Leadership Research*, The Free Press, A Division of Macmillan Publishing Co., Inc., New York, 1981.

Bateman, T., Strasser, S., *A longitudinal analysis of the antecedents of Organizational Commitment Academy of Management Journal*, Vol. 27, 1984.

Beceian, A. G., A. A. Armnakis, "*A Path Analysis Study of Consequence of Role Conflict and Ambiguity*", Academy of Management Journal, 1981. pp.417~427.

Beehr, T. A., and J. E. Newman, "*Job Stress, Employee Health, and Organizational Effectiveness: A Facet Analysis, Model and Literature Review*", Personnel Psychology, 31. 1978. pp.665~699.

Beehr, T. A., *Psychological Stress in the Workplace*, T. J. Press Ltd, 1995.

Bhagot, R. S., "*Effect of Stressful Life Events upon Individual Performance Effctiveness and Work Adjustment Processes with in Organizational Settings: Research Model*", Academy of Management Review, No. 4, 1983, pp.660~671.

Chacko, T. I., "*Woman and Equal Employment Opportunity: Some Unintended Effects*", Journal of Applied Psychology, Vol. 62, No. 1, 1982. pp.119~123.

Cherry, L., "*On the Real Benefits of Eustress*", Psychology Today, 1978, pp.60~70.

Cleary, P., and D. Mechanic, "*Sex Difference in Psychological Distress Among Married People*", Journal of Health and Social Behavior, Vol. 24, 1983, pp.11~12.

Cohen, J., and p.Cohen, *Applied multiple regression / correlation analysis for the behavioral science*, Hillsdale, New Jersey: Laerence Erlbaum Associates, 1983.

Cohen, S., and H. Hoberman, "*Positive Event and Social Support as Buffers of Life Change Stress*", Journal of Applied Social Psychology, Vol. 13, No. 2, 1983.

Conway, T. L., Vickers, R. R., Ward H. W., and R. H., Rahe., "*Occupational Stress and Valuation in Cigarette, Coffee, and Alcohol Consumption*", Journal of Health, and Social Behavior, Vol. 22, No. 2, June, 1987. pp.155~165.

Cooper, C. L., and J. Marshall, "*Sources of Managerial and White Collar Stress in Stress at Work*", In Glowinkowski S. P., and Cooper, C. L., (Eds), "Managers and Profession in Business / Industrial Settling: The Research Evidence", Journal of Organizational Behavior Management, 1986. pp.177.

Cumming, T. G., and C. L. Cooper, "*A Cybernetic Framework for Studying Occupational Stress*", Human Relations, May, 1979. pp.359~418.

Dalton, D. A., Tudor, W. D., and D. M. Krackhardt, "*Turnover Oversatted The Functional Taxonomy*", Academy of Management

Review, Vol. 7, 1982. pp.117~123.

Davidson, M. J., and C. L. Cooper, "*Executive Women under Pressure. Occupational and Life Stress and the Family*", International Review of Applied Psychology 1986, pp.301~326.

Davidson, M. J., and C. L. Cooper, *Stress and the Woman Manager*, Martin Robertson & Co., 1983.

Davidson, M. J., and C. L. Cooper, "*The Extra Pressures on Woman Executives*", Personnel Management, Vol. 12, No. 6, 1980, pp.48~51.

Davis, K., and J. W. Newstorm, *Human Behavior at Work*: Organizational Behavior 8th ed., Mcgraw-Hill Book Company, 1989.

Dessler, G., *Personnel Management*, 4th ed., 1988.

Douglus, T. H., *Career in Organizations*, Santa Monica, Calif, Goodyear, 1976.

Douglus, T. H., and F. S. Hall, "*Stress and the Two-Career Couple*", in Copper, C. L., and Payne, Current Concerns in Occupational Stress Wiley, 1980, pp.243~266.

Dunham, R. B., *Organizational Behavior*: People and Process of Management, Irwin, 1984.

Eckles, R., "*Stress-Making Friends with the Enemy*", Business Horizons, Spring, 1987.

Edwards, J. R., "*The Determinants and Consequences of Coping with Stress*", in Cooper C. L., and Payne, R., (eds.), Causes, Coping and Consequence of Stress at Work, Wiley & Sons, 1989.

Ezell, H. F., Odewahn, C. A., and J. D. Sherman, "*The Effects of Having Been Supervised by a Woman on Perception of Female Managerial Competence*", Personal Psychology, Vol. 34, No. 2, 1981, pp.291~299.

Fleming, R., Baum, A., and Singer, J. E. "*Toward and integrative approach to the study of stress"*, Journal of Personality and Social Psychology, Vol. 46, 1984.

Flynn, D. M., and S. I. Tannenbaum, *"Correlates of Organizational Commitment: Differences in the Public and Private Sector"*, Journal of Business and Psychology, Vol. 8, No. 1, Fall, 1993. pp.109.

French, J. R. P., Rogers, W., and S. Cobb, *"Adjust as a Person-Environment Fit: Schuler R. S.,(eds), Definition and Conceptualization of Stress in Organization"*, Organizational Behavior and Human Performance, 1980, Vol. 25, pp.184~215.

Fried, Y., and G. R. Ferris, *"The Dimensionality of Job Characteristics: Some Neglected Issues"*, Journal of Applied Psychology, 71, 1986, pp.419~426.

Fukami, C. V., and E. W. Larson, *"Commitment to Company and Union: Parallel Models"*, Journal of Applied Psychology, Vol. 69, No. 3, 1984, pp.369.

Fullagar, Barling, C. J., and p.Christie, *"Dual Commitment in Aggressive and Protective"*, Applied Psychology : An International Review, Vol. 40, No.1, 1991, pp.98.

Gibson, J. L., et als., *Organizational*, Irwin, 7th, 1991.

Gibson, J. L., Ivancevich, J. M., and J. H. O'Donnelly, *Organization: Behavior, Structure*, Process, Business Publication, Inc., 1985.

Gibson, J. L., Ivancevich, J. M., and J. H. O'Donnelly, *Organization*, 7th ed., Irwin. Inc., 1991.

Gibson, J. L., Ivancevich, J. M., and J. H. O'Donnelly, *Stress and Work*, Scott Foresman & Co., 1980.

Greenberg, J., and R. A. Baron, *Behavior in Organizations*, Allyn & Bacon, 4th ed., 1993.

Glison, C., and M. Durick, *"Predictors of Job Satisfaction and*

Organizational Commitment in Human Service Organizations", Administrative Science Quarterly, March, 1988. pp.61~68.

Griffin, R. W., Task Design: *An Integrative Approach*, Glenview: Scott, Foresman and Company, 1982.

Gunderson, E. H. E., "*Organizational and Environment Influences of Health and Performance*", in King, B. T., Streufer, S., and Fiedler, F. E.,(eds.) Managerial Control and Organizational Democracy, New York: Halsted Press, 1978, pp.43~60.

Gupta, N., and T. A. Beehr, "*Stress and Employee Behavior*", Organizational Behavior and Human Performance, Vol. 25, 1979, pp.187.

Hackman, J. R., and G. R. Oldham, *Motivation Through the Design of Work: Test of a Theory*, Organizational Behavior and Human Performance, Vol. 16, 1976.

Hackman, J. R., and G. R. Oldham, *Work Redesign, Reading, Mass.*: Addison-Wesley 1980.

Hackman, J. R., Oldham, G., Johnson, R., and K. Purdy, "*A New Strategy for Job Enrichment*", California Management Review, Vol. 17, No. 4, 1975, pp.58.

Hackman, J. R., and E. E. LawlerⅢ,"*Employee Reaction to Job Characteristics*", Journal of Applied Psychology, June, 1971.

Harold, L. A., and L. p.James, "*An Empirical Assessment of Organizational Commitment and Organizational Effectiveness*", Administrative Science Quarterly, March, 1981. Vol. 26.

Harrison, R. V., "*The Person and Environment Fit Model and The Study of Job Stress*", in Beehr, T. A., and Bhogot, R. S., (ed), Human Stress Cognition in Organization: An Integrated Perspective, John Willy & Sons, 1985.

Hendrix, W. H., Ovalle, K, and R. G. Troxler, *"Behavior and Psysiological Consequence of Stress and Its Antecedent Factor"*, Journal of Applied Psychology, Vol. 70, No. 1, 1985.

Holt, D. H., *Management*, Prentice-Hall, 1993.

Hulin, C. L., and M. R. Blood, *"Job Enlargement, Individual Difference and Worker Responses"*, In Scott, W. E., and Cummings, L. L., Readings in Organizational Behavior and Human Performance, Richard D. Irwin Inc., 1973.

Ivancevich, J. M., Matterson, J. M., and C. Preston, *"Organizational Stress, Type A Behavior, and Physical Well Being"*, Academy of Management Journal Vol. 25, 1982.

Ivancevich, J. M., and M. T. Matterson, *"Managing for Healthier Heart"*, Management Review, October, 1978.

Ivancevich, J. M., and M. T. Matterson, *Stress and Work*, Scott Foreman & Co., 1980.

Jamel, M., *"Job Stress and Job Performance Controversy: An Empirical Assessment"* Organizational Behavior and Human Performance, Vol. 33, 1984.

Jamel, M., *"Relationship of Job Stress to Job Performance: A Study of Managers and Blue-Color Workers"*, Human Relations, Vol. 38, No. 5, 1985.

Jamel, M., *"Relationship of Job Stress and Type-A Behavior to Employees, Job Satisfaction, Organizational Commitment, Psychosomatic Health Problems and Turnover Motivation"*, Human Relations, Vol. 43, No. 8, 1990.

Jex, S. M., *Stress and Job Performance Theory, Research, and Implications For Managerial Practice*, SAGE Publications, Inc., 1998.

Jick, T. D., and L. F. Mitz, *"Sex Differences in Work Stress"*, Academy of Management Review, Vol. 10, 1985.

John, R., and H. Miles, Associates : *The Organizational Life Cycle*, San Francisco : Jossey-Bass, 1980.

Jonathan, D. Q., Nelson, D. L., and J. C. Quick, *"Successful Executives: How Independent?* "Academy of Management Executive, May, 1987.

Kahn, R. L., et al., *Organizational Stress: Studies in Role Conflict and Ambiguity*, New York : John Wiley & Sons, 1964.

Keita, G. P., and J. J. Hurrel, *"Job Stress in a Changing Workforce"*, In Troki, K. F., and Orioli, E. M., Gender Difference in Stress Symptoms, Stress-Producing Context, and Coping Strategies, American Psychological Association, 1996.

Kemery, E. R., Bedeian, A. G., Mossholder, K. W., and J. Touliator, *"Outcome of Role Stress: A Multi sample Constructive Replication"*, Academy of Management Journal, 28, 1985.

Kreitner, R., and A. Kinicki, *Organizational Behavior*, Irwin, 2nd, 1992.

Lee, R., and A. R. Klein, *"Structure of the Job Diagnostic Survey for Public Sector Occupation"*, Journal of Applied Psychology, 67, 1982.

Leigh, H., *"Evaluation and Management of Stress in General Medicine: The Psychosomatic Approach"*, In Goldberger, L., and Brenitz, S., (ed.), Handbook of Stress: Theoretical and Clinical Aspects, The Free Press, 1982.

Levinson, D. J., et al., *The Seasons of a Man's Life*, New York: Knoph, 1978.

Linden, J. J., Myers, J. K., and M. p.Pepper, *"Smoking, Psychological Status and Stress"*, Social Science Medicine, Vol. 6, 1972.

Lussier, R. N., *Human in Organizations*, Irwin, 2nd, 1993.

Luthans, F., Back, D., and L. Taylor, "*Organizational Commitment: Analysis of Antecedents*", Human Relation, Vol. 40, No. 4, 1987.

Luthans, F., Organizational Behavior, McGraw-Hill, 16th ed, 1992.

Luthans, F., *Organizational Behavior*, 5th ed., New York: McGraw-Hill Book Company, 1989.

Matteson, M. T., and J. M. Ivancevich, *Controlling Work Stress: Effective Human Resource and Management Strategies*, San Francisco, CA: Jossey-Bass, 1995.

Matteson, M. T., and J. M. Ivancevich, *Controlling Work Stress: Effective Human Resource and Management Strategies*, San Francisco, T. J. Press Ltd., 1995.

Matteson, M. T., and J. M. Ivancevich, *Managing Job Stress and Health: The Intelligent Person's Guide*, The Free Press, 1982.

Margolis, G. L., Kroe, W. H., and R. p.Quinn, "*Job Stress: An Unlisted Occupational Hazard*", Journal of Occupational Medicine, Vol. 16, 1974.

McGrath, J. E., "*Stress and Behavior in Organizations*", in Handbook of Industrial and Organizational Psychology, ed. Dunnette, D. M., Rand McNally, 1978.

Mendelson, W., Gillis, J., and R. Wyatt, *Human Sleep and Its Discovers*, New York: Plenum, 1977.

Miles, R. H., *Macro Organizational Behavior*, N.Y.: Goodyear Publishing Co., 1980.

Mitchell, T. R., and J. R. Larson, *People in Organizations: An Introduction to Organizational Behavior*, 1987.

Moorhead, G., and R. W. Giffin, *Organizational Behavior* Houghton-Mifflin, 3rd ed., 1992.

Numerof, R. E., *Managing Stress*, Aspen, 1983.

O'eilly, C. A., and G. N. Bloom, *"Perceptual Measures of Task Characteristics: The Biasing Effects of Differing Frames of Reference and Job Attitudes"*, Academy Management Journal, 23, 1980.

Oldham, G. R., and A. Cummings, *"Employee Creativity: Personal and Contextual Factors at Work"*, Academy of Management Journal, Vol. 39, 1996.

Oliver, N., *"Work Rewards, Work Values and Organizational Commitment in an Employee-Owned Firm: Evidence Form the U. K"*, Human Relation 1990.

Organ, D. W., and T. S. Bateman, *Organizational Behavior*, Irwin, 4th ed., 1991.

Organ, D. W., and T. S. Bateman, *Organizational Behavior*, Boston, Ma: Richard D. Irwin, Inc., 1991.

Parasuraman, S., and J. A. Allutto, *"Sources and Outcomes of Stress in Organizations Settings: Toward the Development of a Student Model"*, Academy of Management Journal, Vol. 27, No. 2, 1984.

Parker, D. E., and T. A. Decotiis, *"Organizational Determinants of Job Stress"*, Organizational Behavior and Human Performance, Vol. 32, 1983.

Paykel, E. S., *"Life Stress, Depression, and Attempted Suicided"*, Journal of Human Stress September, 1976.

Peters, L. H., O'Connor, E., and S. L. Wise, *"The Specification and Testing of Useful Moderator Variable Hypotheses"*, in Bateman, T. S., and Feei, G. R.(eds.), Method and Analysis in Organizational Research, Reston, VA: Reston, 1984.

Pokorney, J. J., Gilmore, D. C., and T. A. Beehr, *"Job Diagnostic Survey Dimension: Moderating Effect of Growth Needs and Corre-*

spondence with Dimension of Job Rating Form", Organizational Behavior and Human Performance 26, 1980, pp.222~237.

Quick, J. C., and J. D. Quick, *Organizational Stress and Preventive Management*, New York: McGraw-Hill, 1984.

Rabkin, J. G., *"Stress and Psychiatric Disorders"*, In Goldberg L., and Brenitz S., Handbook of Stress : Theoretical and Clinical Aspects, The Free Press 1982, pp.566~584.

Reichers, A., *"A Review and Reconceptualization of Organizational Commitment"*, Academy of Management Review, Vol, 10, 1985.

Reichers, A. E., *"A Review and Reconceptualization of Organizational Commitment"*, Academy of Management Review, Vol, 10, No. 3, 1985.

Robbins, S. P., *Organizational Behavior*, Prentice-Hill, 6th ed., 1993.

Rousseau, D. M., *"Charateristic of Department, Position and Individuals: Contexts for Attitudes and Behavior"*, Administrative Science Quarterly, Vol. 23, 1978.

Russek, H., *"Stress Tobacco, and Coronary Heart Disease in North American Professional Groups"*, Journal of the American Medical Association, Vol. 192, 1965.

Schermerhorn, J. R., *Management for Productivity*, Wiley, 3rd ed., 1993.

Schuler, R. S., *"Definition and Conceptualization of Stress in Organizations"*, *Organizational Behavior and Human Performance*, 1980. No. 25.

Schnake, M. E., *Human Relations*, Merrill Publ., 1990.

Scholl, S. W., *"Differenciating Organizational Commitment from Expectancy as a Motivative Force"*, Academy of Management Review, 1981.

Selye, H., *The Stress of Life*, New York, NY: McGraw-Hill, Inc., 1956.

Selye, H., *The Stress of Life*, New York, NY: McGraw-Hill, Inc., 1976.

Selye, H., "*The Stress of Life, in Beehr, T. A., and Franz, T. M., (eds.), The Current Debate About the Meaning of Job Stress*", Journal of Organizational Behavior Management, 1986.

Spector, p.E., Dwyer, D. J., and S. M. Jex, "*Relation of Job Stress to Effective, Health and Performance Outcomes: A Comparison of Mutiple Data Source*", Journal of Applied Psychology, Vol. 73., 1988.

Steers, R. M., *Introduction to Organizational Behavior*, Scott Foresman and Co., 1984.

Trice, H., and p.Roman, "*Perspective on Job-Based Programs for Alcohol and Drug Problems*", Journal of Drug Issues, Vol. 11, 1981.

Wabba, M. A., *Turnover from Organizations*, University Micro Films International, 1984.

Wagner, J. A., and J. R. Hollenbeck, *Management of Organizational Behavior*, Prentice-Hall, 2nd ed., 1992.

Warshow, L. J., *Managing Stress, Reading, Mass*: Adison-Wesley, 1979.

Williams, L. J., and J. T. Hazer, "*Antecedent and Consequences of Satisfaction and Commitment in Turnover Models: A Reanalysis Using Latent Variable Structural Equation Methods*", Journal of Applied Psychology, Vol. 71, No. 2, 1986.

Yerkers, R. M., and J. D. Dodson, "*The Relation of Strength of Stimulus to Rapidity of Habit-Formations*", Journal of Comparative Necrology and Psychology Vol. 18, 1988.

<부록>　　　설 문 조 사 표

안녕하십니까?
바쁘신 중에도 시간을 내주셔서 대단히 감사합니다.

본 설문조사는 관광호텔 종사원의 직무스트레스관리에 관한
연구자료를 수집하고자 작성된 것입니다.

본 조사의 내용은 통계법 제 8조에 의거하여 비밀이 보장되며
통계목적 외에는 사용되지 않습니다.

또한 본 설문에는 맞고 틀린 답이 전혀 없습니다

귀하께서 본 설문지에 응답하신 내용은 오직 저의 박사학위 논문의
연구목적으로만 사용되며, 모든 것은 익명으로 처리되기 때문에
귀하나 貴호텔에는 어떠한 불이익도 없을 것임을 약속드립니다.

귀하의 성의있는 답변을 기대하며, 응답해 주신 내용 하나하나는
관광호텔 종사원의 직무스트레스 연구에 훌륭한 자료가
되리라고 생각합니다

바쁘시더라도 한 문항도 빠짐없이 응답해 주시면 대단히 감사하겠습니다.

2003 년　6 월

지도교수: 경기대학교 대학원 관광경영학과
　　　　　경영학박사 유정남(jnyoo1942@yahoo.co.kr)

연구자: 경기대학교 대학원 관광경영학과
　　　　박사과정 김형철(jeffkim13@hanmail.net)

본 설문조사에 의문사항이나 기타의견이 있으시면 016-575-6863 또는

☎ 031-513-8637로 연락주시면 감사하겠습니다.

Ⅰ. 다음은 귀하의 호텔직무특성에 관련된 내용입니다. 각 문항을 읽고 가장 적합한 곳에 ∨표시를 하여 주십시오.

설 문 내 용	전혀 그렇지 않다	그렇지 않다	보통 이다	그렇 다	매우 그렇 다
1. 내게 맡겨진 호텔업무를 처리하기 위해서는, 복잡하고 어려운 기술과 능력을 필요로 한다.					
2. 나는 호텔업무를 처리하면서 단순한 일을 반복적으로 하는 경우가 많다.					
3. 나의 호텔업무는 서로 성격이 다른 일들로 이루어져 있다.					
4. 나의 호텔업무는 다양하기 때문에 호텔업무에 대해서 많이 알고 있어야 한다.					
5. 나의 호텔업무는 전체적인 일에서 매우 중요한 비중을 차지하고 있다.					
6. 나의 호텔업무는 대부분 처음부터 내가 시작해서 내가 마무리를 짓는 일들이다.					
7. 나는 호텔업무의 전체보다는 한 부분을 처리하는 경우가 많다.					
8. 나의 호텔업무는 다른 사람이나 기계로 대체할 수 있는 일이다.					
9. 나의 호텔업무처리 결과에 많은 사람들이 영향을 받는다.					
10. 우리 호텔에서 이루어지는 업무 중 내가 맡고 있는 일은 아주 중요한 것이다.					
11. 나의 호텔업무는 중요하므로 많은 사람들이 관심을 갖는다.					
12. 나의 호텔업무는 내가 스스로 판단하여 결정할 수 있다.					
13. 나는 호텔업무처리에 있어서 재량권을 많이 가지고 있다.					

설 문 내 용	전혀 그렇지 않다	그렇지 않다	보통 이다	그렇 다	매우 그렇 다
14. 나의 호텔업무는 내가 알아서 결정할 수 있는 일들로 이루어져 있다.					
15. 나의 호텔업무와 관련하여 업무결과에 대해서 평가할 권한이 있다.					
16. 나의 호텔업무와 관련하여 특별한 일을 수행할 때, 그것을 언제 하느냐 하는 것은 나의 권한이다.					
17. 나는 호텔업무를 수행하면서 일이 제대로 진행되고 있는지를 알 수 있다.					
18. 나는 호텔업무를 수행하면서 잘 처리되지 못한 부분을 금방 알 수 있다.					
19. 상급자나 동료가 지적해 주지 않아도 호텔업무처리 그 자체를 통해 일이 잘 진행되고 있는지를 알 수 있다.					
20. 나의 호텔업무가 잘 수행되는지 다른 사람이 지적하지 않아도 알 수 있다.					

Ⅱ. 다음은 귀하가 근무하고 있는 호텔에서 직무와 관련된 스트레스에
   관한 것입니다. 각 문항을 읽고 가장 적합한 곳에 ∨표시를 하여
   주십시오.

설 문 내 용	전혀 그렇지 않다	그렇지 않다	보통 이다	그렇다	매우 그렇다
1. 호텔업무를 잘했는지 못했는지 아무 런 평가를 받지 못한다.					
2. 남보다 앞서기 위해서는 경쟁해야 한다.					
3. 호텔업무가 너무 단순하고, 반복적이 고, 일상적이고, 지루하다.					
4. 호텔에서 하찮은 실수로 매우 심각 한 문제를 일으킬 수 있을 것 같다.					
5. 호텔에서 나의 신념과 반대되는 것 을 해야만 한다.					
6. 너무 많은 변화로 혼란스럽다.					
7. 호텔업무 때문에 가족과 멀어진다.					
8. 일하는 곳의 근무환경이 양호하지만 건강에 해로울 수도 있다는 생각이 든 다(냉난방 등)					
9. 직장을 잃을지도 모른다는 생각이 든다.					
10. 호텔 업무 때문에 다른 일을 할 수가 없다.					
11. 호텔 내에서 갈등이 있으며, 사람 들이 싸우고 말다툼한다.					

Ⅲ. 다음은 귀하의 조직몰입에 대한 내용입니다. 각 문항을 읽고 가장
   적합한 곳에 ∨표시를 하여 주십시오.

설 문 내 용	전혀 그렇지 않다	그렇지 않다	보통 이다	그렇다	매우 그렇다
1. 나는 내가 근무하고 있는 우리호텔에 대해서 다른 사람에게 이야기하는 것을 즐겁게 생각한다.					
2. 나는 우리 호텔에 대해서 강한 애착심을 가지고 있다.					
3. 나는 우리 호텔에 대하여 소속감을 느끼고 있다.					
4. 나는 우리 호텔의 문제를 진정으로 나의 문제처럼 느낀다.					
5. 우리 호텔은 나에게 개인적으로 큰 의미가 있다.					
6. 나는 우리 호텔의 구성원들 모두가 가족 같다는 생각을 가지고 있다.					
7. 나는 우리 호텔에서 나의 남은 여생을 보내게 되는 것을 행복으로 여기겠다.					
8. 내가 다른 호텔에 간다면 우리 호텔에서와 같은 애사심이 생길것이라고 생각한다.					

Ⅳ. 다음은 귀하가 계속 근무하고자 하는 잔류의사에 관한 것입니다. 각 문항을 읽고 가장 적합한 곳에 V표시를 하여 주십시오.

설 문 내 용	매우 적다	적다	보통 이다	크다	매우 크다
1. 현 호텔에서 앞으로 3개월 이상 근무하고자 할 생각은?					
2. 현 호텔에서 앞으로 6개월 이상 근무하고자 할 생각은?					
3. 현 호텔에서 앞으로 1년 이상 근무하고자 할 생각은?					
4. 현 호텔에서 앞으로 2년 이상 근무하고자 할 생각은?					
5. 현 호텔에서 앞으로 5년 이상 근무하고자 할 생각은?					
6. 현 호텔에서 앞으로 1년 이내에 떠날 생각은?					
7. 현 호텔에서 앞으로 2년 이내에 떠날 생각은?					
8. 현 호텔에서 앞으로 5년 이내에 떠날 생각은?					

V. 다음은 귀하의 성취욕구에 관한 것입니다. 각 문항을 읽고 가장 적합한 곳에 ∨표시를 하여 주십시오.

설 문 내 용	전혀 그렇지 않다	그렇지 않다	보통 이다	그렇다	매우 그렇다
1. 나는 호텔업무를 맡으면 나의 기능이나 능력을 충분히 발휘할 수 있다.					
2. 나는 우리 부서의 해결해야 할 과제에 대하여 흥미를 느낀다.					
3. 나는 나의 목표가 항상 성취 가능하다고 보며, 호텔업무를 충분히 해낼 수 있다.					
4. 나는 호텔업무를 수행하면서 새로운 변화를 추구하는 편이다.					
5. 나는 자발적으로 호텔업무를 수행하며, 완수해야 할 책임이 무엇인가를 알고 있다.					
6. 나는 호텔업무수행을 위해 명확하고 미리 계획된 목표를 가지고 있다.					
7. 호텔업무와 관련된 일에 실패했을 때 우울해진다.					
8. 동료가 능력에 의해 평가된다면 동료에 대해서 어떤 비판도 하고 싶지 않다.					
9. 입신출세보다는 생활의 즐거움을 더 중요하게 생각한다.					

Ⅵ. 다음의 질문들은 자료의 분류를 위한 것입니다. 응답하신 내용들은 연구목적 으로만 사용될 것입니다. 각 문항을 읽고 해당되는 곳에 "∨표시" 나 "숫자"를 기입해 주십시오.

1. 성별: ① 남성 (   )   ② 여성 (   )

2. 학력: ① 고졸 이하 (   )   ② 전문대졸 (   )
        ③ 대졸 이상 (   )

3. 결혼여부: ① 기혼 (   )   ② 미혼 (   )

4. 현재 담당하고 있는 호텔업무와 관련된 자격증을 갖고 있는지요?
   ① 있다 (   )   ② 없다 (   )

5. 직위: ① 사원 (   )   ② 주임 (   )   ③ 계장 (   )
        ④ 대리 (   )   ⑤ 과장 (   )   ⑥ 차장 (   )
        ⑦ 부장 (   )   ⑧ 임원 (   )

6. 나이: 만 (   ) 세

7. 현 호텔 근속기간: 만 (   ) 년

8. 현재까지 직장을 옮긴 횟수는? (   ) 회

9. 호텔의 총근속기간은? (   ) 년

10. 월평균 급여액: (   ) 만원

귀하신 시간 설문에 성실히 응답해 주셔서 대단히 감사합니다.

· 저자 ·

김형철
(金亨哲)

· 약 력 ·

동아대학교 경영대학 관광경영학과 졸업
동아대학교 대학원 경영학석사(관광기업 인적자원관리 전공)
경기대학교 대학원 관광학박사(관광기업 인적자원관리 전공)

한국관광학회 이사
한국관광서비스학회 이사
산하지오에이앤이(주) 영업총괄 이사
백석문화대학 관광학부 겸임교수

· 주요논저 ·

「호텔내 집단간 갈등의 해소방안 연구」
「문화관광 가치창출을 위한 컨벤션센터의 역할」
「관광호텔 접객직종사원의 직무특성이 직무스트레스에 미치는 효과에
 관한 연구」
「관광호텔의 성희롱 예방연구」
외 다수

관광기업인적자원관리

- 관광호텔종사원의 직무스트레스관리 -

· 초판 인쇄	2006년 7월 20일
· 초판 발행	2006년 7월 20일
· 지 은 이	김형철
· 펴 낸 이	채종준
· 펴 낸 곳	한국학술정보㈜
	경기도 파주시 교하읍 문발리 526-2
	파주출판문화정보산업단지
	전화 031) 908-3181(대표) · 팩스 031) 908-3189
	홈페이지 http://www.kstudy.com
	e-mail(출판사업부) publish@kstudy.com
· 등 록	제일산-115호(2000. 6. 19)
· 가 격	15,000원

ISBN   89-534-5402-6 93320 (Paper Book)
       89-534-5403-4 98320 (e-Book)